働きながら学べる

社会人大学院・通信制大学

Graduate School for a Member of Society &
Distance Learning University

関水信和［著］
Nobukazu SEKIMIZU

中央経済社

はじめに

　普通の銀行員だった私は，自己啓発のために資格試験に挑戦し，次にいろいろと悩んだ末に複数の社会人大学院に入学し，気がつくと5つの社会人大学院の修士課程と博士課程に入学し，修了（含む修了単位取得）していたという経験を持っています。数えてみると10年以上にわたり大学院に学生として通ったこととなります。現在は大学や大学院で講義や後輩の指導などを行っています。私のように多くの社会人大学院に入学し，社会人大学院を実体験して，自己啓発の手段としての大学院の長所・短所を知っている人はあまりいないはずです。

　最近は社会人大学院もかなり増えている上に，郊外の大学院は社会人が通学しやすいようにビジネスの中心地にサテライト教室を設けるなど，社会人にいろいろと配慮している大学院もかなりあり，社会人に対する支援体制が，各大学院において，以前と比べると随分と整ってきたように思います。大学院を目指す後輩のことが気になって，書店などで，大学院の入学に関する案内書ないし入学経験談が書かれた書籍を見るようなことも少なくありません。しかし，まず雑誌を見ると海外の一流大学院のMBAに合格した人であるとか，中身は濃いが入学後についていくのが大変な授業が多く，さらに寝る間を惜しんでゼミの準備をした結果，無事修士号を取得したなどの武勇伝を大学院生ないし修了生が実名で書いた記事が誌面を飾っています。これらの記事は，社会人として入学してよかったが，とても大変であったというトーンのものばかりです。私のようにすでに複数の大学院を修了した経験を持つ人間が読んでも，大変な思いをしているなと，少し引いてしまうような内容となっています。また書籍類に目を通すと同様に，充実した社会人大学院生生活であったが，とても大変であったというようなことが書かれていて，自己啓発のために，気軽に試みるようなものではないという内容になっています。さらに社会人大学院生となったことで，会社との関係がギクシャクしたというような内容のものもあります。会社との関係が悪くなるようでは，何のための自己啓発かと思ってしまいます。

　私が通った大学院は，決して入学が簡単なところではありませんでしたが，

店頭に並んでいる雑誌や本に書かれているような苦労をせずに修了することができました。私の経験からすると、従来書かれている内容にはかなりの違和感を覚えます。しかし、雑誌や本に書かれていることが間違っているということではないと思います。レベルの高い研究をして、立派な修士論文を書いたということは事実のはずです。大学院はそのような研究がしっかりとできるところです。この点が宅地建物取引士（宅建）などを勉強するための各種学校と大きく異なる点です。しかし、勤務と大学院の二重生活を一応無難にこなし、修士論文を無難に書いて、修士号を取得したという人も多くいるはずです。もちろん、簡単ではないでしょうが、雑誌や本に書かれている状況とは少し違う場合も多いはずです。要は、そのような人のことは、雑誌や本の記事になりにくいということだと思われます。結果として、大学院で修士号あるいは博士号を取るのはとても大変なこと、という印象を雑誌や本は読者に与えているように思います。

　実は、大学院の入学試験の合格倍率は、一部の人気大学院を除くと、あまり高くはありません。2倍以下のところも多く、複数の大学院に併願すれば、合格できる可能性はかなり高いといえます。資格試験の経験者で大学院への入学を検討している人もいると思いますが、宅建などに合格したら、次は、大学院への入学がお勧めです。宅建や中小企業診断士などの試験に不合格となった人も、大学院に入学することを検討すべきです。自己啓発のための資格試験と大学院への入学の選択については、本書の第8章で詳しく説明します。

　普通の銀行員だった私は、まず宅建試験に合格し、中小企業診断士試験（旧制度）に不合格となった後、いろいろと悩んだ末に、自己啓発と、さらに仕事に役立つと考えて、多摩大学大学院で修士号（MBA）、中央大学大学院で法学修士号、同博士課程で修了単位、東京大学大学院工学系研究科修士課程技術経営（MOT）コースで修了単位、千葉商科大学大学院博士課程で博士号（政策研究）を取得しました。そして、通信制大学でも適宜必要な知識を習得しました。

　その結果、私は、当時のそれぞれの勤務先で評価され、学歴を書き換えることができ、税理士資格を取得（受験科目免除）し、さらにベンチャー企業（株式会社ゲノム創薬研究所）を創業しました。現在は大学で教鞭もとっています。

これらのことは，社会人大学院と通信制大学で勉強した成果だと考えています。
　本書には，社会人大学院・通信制大学を検討している人にすぐに役立つ情報と，私が経験から得たノウハウが書かれています。会社などに勤務していて，自己啓発の手段を考えている人に読んでもらいたいと思ってこの本を書きました。

　2017年3月

関水　信和

目 次

はじめに

第1章 社会人大学院の概要 … 1
第1節 社会人大学院の生まれた経緯と特徴 ── 1
第2節 社会人大学院の種類 ── 2
第3節 社会人大学院入学の目的 ── 5
第4節 社会人大学院の入学準備と大学院生活 ── 8

第2章 社会人大学院の合格倍率 … 11

第3章 社会人大学院に通っている人 … 19

第4章 社会人大学院に通っている人の目的と満足度 … 33

第5章 社会人大学院の授業の形態 … 41

第6章 社会人大学院の通学費用 … 49

| 第7章 | 勤務先との関係 | 55 |

| 第8章 | 自己啓発のための宅建などの資格取得と修士号取得の比較 | 71 |

第1節　私の資格試験との出会い ─────────── 71
第2節　資格試験でわかったこと ─────────── 73
第3節　資格試験などを途中で止めて撤退する勇気 ──── 74
第4節　資格試験の経験者に大学院への入学を勧める理由 ── 75

| 第9章 | 研究計画書の重要性と書き方 | 79 |

第1節　研究計画書は入学試験の合否を決める ────── 79
第2節　研究計画書は研究の方向性を決める ─────── 80
第3節　面接と研究計画書の関係 ──────────── 81
第4節　具体的な作業手順 ─────────────── 82

| 第10章 | 大学を卒業していない人のための対策 | 85 |

第1節　大学院に入るための条件 ──────────── 85
第2節　大学を卒業していない人が大学院に入学した場合の問題点 ───────────────────── 87
第3節　大学を卒業していない人が大学院を目指すためにお勧めの方法～大学の通信教育の利用～ ────── 87

| 第11章 | 社会人大学院の今後の動向 | 89 |

| 第12章 | 社会人にとっての博士課程と博士論文 | 97 |

第1節　博士課程に入学するということ
　　　　～私の場合を事例として～ ——————————— 97
第2節　社会人のための博士論文の書き方 ——————— 101

| 第13章 | 社会人大学院の実例 | 103 |

- 千葉商科大学大学院（修士課程中小企業診断士養成コース，会計ファイナンス研究科（専門職学位課程），政策研究科（博士課程）） ——————————————————— 103
- 聖学院大学大学院　政治政策学研究科（修士課程） ——— 111
- 中央大学ビジネススクール大学院　戦略経営研究科MBAプログラム（専門職学位課程） ————————————— 113
- 多摩大学大学院 ————————————————————— 118
- 名古屋経済大学大学院（法学研究科修士課程，会計学研究科博士前期課程） ————————————————— 121
- 兵庫教育大学大学院　学校教育研究科（修士課程・専門職学位課程） ————————————————————— 124

| 第14章 | 通信制大学の特徴 | 129 |

第1節　通信制大学での学び方 ————————————— 130
第2節　私が学んだ通信制大学の事例 ————————— 137

第15章　私立大学通信教育協会に加盟等の通信制大学　143

私立大学通信教育協会加盟等の通信課程を有する大学のリスト
（4年制の37大学）

北海道，東北，関東地区 ──────────────── 144

①北海道情報大学　144　②東北福祉大学　144
③慶應義塾大学　144　④中央大学　145　⑤法政大学　145
⑥産業能率大学　146　⑦東洋大学　146　⑧日本大学　146
⑨放送大学　147　⑩玉川大学　147　⑪東京福祉大学　148
⑫東京未来大学　148　⑬聖徳大学　148　⑭創価大学　149
⑮帝京大学　149　⑯日本女子大学　149　⑰明星大学　150
⑱早稲田大学　150　⑲武蔵野美術大学　151　⑳帝京平成大学　151
㉑星槎大学　151

東海，関西，山陽地区 ──────────────── 152

㉒日本福祉大学　152　㉓愛知産業大学　152　㉔中部学院大学　153
㉕奈良大学　153　㉖京都橘大学　153　㉗京都造形芸術大学　154
㉘大阪学院大学　154　㉙近畿大学　155　㉚神戸親和女子大学　155
㉛佛教大学　155　㉜大阪芸術大学　156　㉝大手前大学　156
㉞環太平洋大学　156　㉟姫路大学　157　㊱吉備国際大学　157

九州地区 ─────────────────────── 158

㊲九州保健福祉大学　158

参考1　個別の事項をもっと詳しく調べる時に活用できるサイト・資料　159

参考2　日本のベンチャー企業と起業した㈱ゲノム創薬研究所　161

| 参考3 | 著者の研究業績表　173
| 参考4 | 著者の博士論文要旨　177

むすびに代えて　201
あ と が き　203

第1章

社会人大学院の概要

● 第1節　社会人大学院の生まれた経緯と特徴

　社会人大学院とは，職業を持っている社会人が受講しやすい週末や平日の夜間を中心に授業を行い，社会人を多く受け入れている大学院のことです。文部科学省などにより明確に定義されたものではありません。本書では特に修士課程を中心に解説しますが，博士課程についても論文の書き方などについて併せて解説します。以前は社会人が大学院への入学を希望する場合，原則として，大学卒業見込みの学生と同等の試験を受ける必要がありました。しかし，1990年代より社会人のための「社会人特別入学試験」を行い，積極的に社会人を受け入れる大学院が現れました。これは日本の終身雇用制度が見直されるという事情を背景とした企業の研修体制の変化と，少子化による学生数の減少を補うための大学側の事情が重なったことに，その要因があったといえます。当初は社会人枠を設けて，授業の一部を週末ないし平日の夜間に行い，社会人と職業を持たない学生が一緒に勉強するという大学院が多くありました。ところが，最近は平日の昼間の授業はまったくなく，平日の夜間と週末のみに授業を行い，学生のほとんどが社会人という大学院が増加しています。本書では，主にこのタイプの大学院を社会人大学院として扱います。社会人大学院の増加により，社会人の大学院修士課程入学者数は1990年度には2,000人にも満たなかったものが，2000年度以降は，7,000人から8,000人程度の間で推移しています。1990

年代より前には，社会人が大学院に通うということは，企業からの派遣など特殊な事情がない限り，ほとんどあり得ないことで，社会人であった私が1995年に初めて大学院に入学した時には，社会人大学院生というのはまだかなり珍しい存在で，私も大学院生になったというだけで大変うれしかったことを記憶しています。

　社会人大学院とは社会人が受講しやすい時間に授業をする大学院，とだけ説明される場合があります。この説明も間違ってはいませんが，不十分な説明です。実は，社会人を受け入れていない大学院と社会人大学院とでは，授業内容が少し異なっています。社会人を受け入れていない大学院は，将来大学の教員ないし研究者になる人材を育成するために必要なことを中心に教育する機関であり，授業の内容や指導方針もそれに沿ったものです。しかし，社会人大学院の場合は，大学院生が大学の教員・研究者になることを前提とせず，社会人の再教育の場であり，会社員として役に立つ知識を中心に授業を行っています。私が1997年に入学した2つ目の大学院の修士課程には，社会人と職業を持たない学生が混在していて，授業も会社などの勤務経験の豊富な教官による実務的な授業と，大学に永年勤務する教員による研究者養成色の強い授業の2種類が存在していました。私は後者の授業が大学院らしい授業で好きでした。最近は，社会人大学院の数も増え，授業の形態も実務的な授業が中心となっている大学院が多くなっていると思えます。

●第2節　社会人大学院の種類

　社会人大学院の修士課程は大きく分けて2種類あります。まず，入学試験と授業時間に配慮されたカリキュラムを持ちながら，基本的には従来の大学院と概ね同等の教育を行うタイプのものです。このタイプは，原則として修了要件に修士論文の提出が課せられています。文科系の場合，最近では，ほとんどすべての研究領域に設けられています。もう1つは，専門職大学院と呼ばれるもので，1999年に初めて創設され，平成15年（2003年）の法改正で現在の設置基準となりました。専門職大学院は，次の5つの特徴を有しています。

A．修士論文の提出を義務付けていないこと

　研究課題を設定する大学院もありますが，必要単位の取得が修了要件となります。

B．修了年数が弾力的

　修士論文が不要なことから，修了年限が1年以上となっています。

C．国家資格取得に有利なプログラム

　国家試験の資格取得を主要な目的とするコースがあります。

D．実務家教員が多い

　社会的要請に応えられる高度な実務能力を養成するために，専任教員の少なくとも3割は実務家教員となっています。

E．取得する学位は，○○修士（専門職）

　高度な実務能力がある専門家という意味の学位となります。

　具体的に例示すると，現在設置されている専門職大学院には，会計（アカウンティングスクール），経営（MBA），技術経営（MOT），教職大学院などがあります。法科大学院も専門職大学院ですが，社会人の自己啓発を目的としている本書の趣旨とは異なるタイプの大学院だと思います。

　ところで，上記の2種類（従来タイプと専門職大学院）の大学院は，原則として各々に，以下のような系列に属する課程が存在します。

① 経営系（MBA）

　履修できる科目の種類が多いのが1つの特徴です。技術経営，会計，企業法務，組織論（リーダーシップ論）など企業経営に関係する広い領域をカバーしています。社会人大学院の中の中心的な存在で，最も多くの社会人大学院がここに属しています。

② 技術経営系（MOT）

　もの作りの技術をマネジメントする経営手法を研究する領域です。工学系の研究科のコースであることも多く，理科系に属すると思われがちですが，経営学の領域に属します。アメリカではビジネススクールの1つの領域として扱わ

れていますが，日本では，MBAと並列関係にあるように理解されています。最先端の技術をもとにベンチャー企業を興すというような経営のノウハウが技術経営（MOT）だといえます。

③ 会計系

公認会計士・税理士の試験科目免除などを主な目的とする大学院が増えています。

④ 教育系

大学卒業程度の一種免許状を有する者（含む資格を満たしている者）が，課程修了により専修免許状を取得できます。教員の休業制度ないし大学院の長期履修学生制度を利用して入学する現職の教員が多くいます。

⑤ 法律・政策系

弁護士を目指す人が入学する法科大学院（ロースクール）にも，社会人が通学しやすい週末・夜間に開講するところがあります。ただし，本書は現在の仕事に役立つ社会人の再教育を目的とした社会人大学院に限定しています。その意味で法科大学院は本書の対象外となります。法科大学院を除くと，数が減りますが，社会人のための法律学・政策を学べる社会人大学院はあります。ビジネス法務や公共政策などの研究科が主なものです。また税理士試験の科目免除を目的とした，税法を教える修士課程があります。

⑥ 理工系

理工系は実験が必要なことから，週末・夜間だけの時間帯では時間的な余裕がない上に，そもそも修士課程を修了してから就職する学生が多いので，社会人大学院はあまり多くありません。

●第3節　社会人大学院入学の目的

　社会人大学院に入学する大学院生の主な目的（期待される効果）を以下に書きます。列挙した目的の中の1つだけを入学目的とする場合と，複数の効果を期待して入学する場合があるはずです。中には「i．就職浪人となることを避けること」のようなお勧めしにくい目的で入学する人もいるかもしれませんが，結果として他の効果が付随してくるはずです。

a．最新の知識を得ること

　会社に勤務して何年か経つと，最新の専門知識を体系的に学びたいというニーズが生まれるはずです。例えば，大学の経営系の学部卒の人は経営学に属することを一通り勉強したはずですが，ファイナンス，マーケティング，組織論などの専門的で最新の知識を大学院で学び直すことにより，修得することができます。また自分が卒業した学部とは異なる分野の不足している知識を大学院で修得することも可能です。例えば，経営系の学部卒の人が法学系の大学院に入学して，法律を学ぶという選択です。逆に法学部出身の人が経営系のMBAのような大学院の修士課程に入学する選択も可能です。しかし，学部レベルの知識が不十分なまま大学院に入った場合，修士論文の作成に少し苦労するかもしれません。せっかくの大学院での勉強の効果が半減してしまう事態を避けるために，学部レベルの概説書を入学前に十分読むことをお勧めします。私はいろいろな分野の学部，修士課程，博士課程で異なる分野の勉強をしましたが，それぞれの分野には，異なった文化のようなものがあるように感じています。また，出身学部の領域に関しては就職後も意識して，あるいは無意識のうちに，勉強を続けているはずです。そのことから，自身の出身学部と分野の異なる修士課程で修士論文を書くには，それなりの努力が必要だと思います。

b．修士号を取得すること

　修士号をどのように評価するかは容易ではありません。いえることは高く評

価する人がいるということくらいでしょう。私は宅建（正確には登録資格）と税理士資格と修士号などを持っています。私の経験では，宅建と比較すると修士号のほうがより評価され，税理士と比較すると修士号のほうが低く評価されるように感じます。

また修士号は，大学を卒業していない人（大学中退，短大卒）が大学院に入学して取得することができることから，大学中退などの学歴を修士修了に変更することができます。そしてブランド力のある大学院に入って，有名大学院修了者という学歴に変更することもできます。

c. 資格取得の役に立つこと

中小企業診断士登録資格，公認会計士・税理士試験の試験科目免除，教員の専修免許状などを取得できる大学院修士課程があります。各大学院の入学案内などに取得ないし試験科目免除が可能と明確に書かれている資格であっても，必要な履修科目ないし修士論文執筆などの条件があるので，その点を注意してください。また，入学案内に書かれていない場合でも試験科目免除などが可能となる場合がありますが，指導教員の意向次第となるなど，この場合は，入学の付随的な効果くらいに考えたほうが無難です。

d. 人的ネットワークを作ること

会社に勤務していると社内ないし取引先でコンタクトする人はたくさんできます。しかし学生時代にできたような友人のような人間関係を築くことはほとんどできないはずです。社会人大学院に入ると，一緒に教室で勉強する仲間ができます。学生時代と違って，年齢が異なる「同級生」ですが，会社の中と違って，お互いに率直な議論ができ，いろいろな業界の人や職種の人とのネットワークを築くことができます。このネットワークは大学院を修了した後も持続することとなり，得難いものです。大学院によっては，修了生の会合を積極的にアレンジして，組織化を支援しています。

e. 論文を書くこと

修士論文を書くことが課程修了の要件となっている大学院が多くあります。

論文執筆に費やす時間は論文の内容や各人の経験・能力によります。私の場合，修士論文を2回（会計学と法律学）書きましたが，あまり執筆した経験がなかったので，大学院と自宅における全勉強時間の半分以上を論文執筆に充てたように思います。また執筆途中で何度も指導教官と議論を重ねることから，とても良い経験となり，何年経っても記憶に残る勉強となります。修士論文を書いて初めて，その領域の専門家の入り口に立ったという実感を味わうことができます。

なお，修士論文は公開されず，第三者の論文に引用されることもありません。論文に引用されるとは，第三者の研究に情報ないし研究成果を提供するという意味です。よって，修士論文は研究者の正式な意味での研究業績とはなりません。しかし，指導教官の判断で大学院が発行している論文集に投稿することができる場合もあります。あるいは修士課程修了後に修士論文にさらに磨きをかけて質を向上させれば，論文集に投稿することができます。このような意味において，修士論文は論文集に投稿する論文の土台作りとなります。論文集に収録された論文は引用される場合もあり，研究者の正式な研究業績となります。

f. 博士課程に進学すること

例外的なケースを除いて，修士課程を修了して初めて博士課程に進学できます。修士課程の場合，自宅で費やされる半分以上の時間で論文を書きますが，博士課程においては，大学院と自宅で費やされるほとんどの時間が論文執筆のための議論と執筆作業となります。求められる論文のレベルも格段と高くなります。博士号は，その領域の専門家を表しているといえます。

g. 大学の教員・研究者になること

修士課程を修了して，修士号を取得することで，大学の教員への道が拓けます。ただし，領域にもよりますが，社会人大学院の場合は，教員養成機関ではないので，あまりその機会はないと考えたほうが無難です。

h. 勉強する癖をつくること

大学院に入学すると，少なくとも週末は，通学したり自宅で勉強したりする

こととなります。やがてそれが習慣となります。見逃せない点は，そのことに家族や会社の人が同調してくれる環境が生まれることです。大学院を無事修了すると，勉強をする習慣と環境が生まれます。

i. 就職浪人となることを避けること

　就職の内定が希望通りに得られず，わざと単位を落として留年という道を選ぶ大学生がいるようなことを聞いたことがあります。あるいは大学院に進学して，次年度以降の内定を狙うという"戦術"もあるようです。社会人大学院の場合は勤務経験のない人が入学することはあまりありません。勤務経験者が失業を避けてという人もいるようです。私としては，「a. 最新の知識を得ること」により，希望する会社に結果として就職できるようになることを期待します。

●第4節　社会人大学院の入学準備と大学院生活

① 入学準備

　社会人大学院への入学を思い立ったら，居住地区にどのような大学院があるかを巻末の参考1に掲載した資料（活用できるサイト・資料）などでチェックしてください。その際，ビジネスの中心地にサテライトキャンパスを設けている大学院も多いので，少し幅広に見てください。やや例外的な人の武勇伝が多いように思われるので，売られている本や雑誌などに載っている先輩の経験談をあまり気にしないでください。次に，第2章の表で合格倍率もチェックしてください。

　どのような大学院があるか概要を把握したら，次に自分の社会人としての経験の棚卸と，研究してみたい領域の検討を行ってください。次に，何をどのように研究するかを研究計画書として作成してください。これらの作業については，第9章に詳しい解説があります。

　また，大学院に合格して通学する場合の勤務先への連絡をどうするかを考え

ておく必要があります。あまり問題とならない人もいると思いますが，結構シビアな問題となるような環境の人もいるはずです。私は勤務先の銀行に連絡して通学しました。このプロセスと研究しようとする領域には，関連性があると思います。仕事に役立つ研究であれば，勤務先に連絡しやすいはずです。また，勤務先に連絡した上で入学すると通学が多少容易になる場合も多いはずです。勤務先に連絡した人に関するアンケート結果とどうすべきかの考え方について，第7章で詳しく説明します。

② **大学院生活**

　大学院生は学部の学生よりも優先的に大学の施設を利用できる場合があります。図書館で借りられる本の冊数や期間の制限が拡大されたり，専用の読書スペースがあったりします。また大学院によっては，院生専用のロッカーやデスクが用意されています。このデスクが置かれた院生用の部屋において，通学する仲間とのコミュニケーションが図れます。自分とは異なる業界で働く人の情報などは得難いものです。さらに開講されている授業の内容や論文の書き方などの情報から，自分の希望する修士論文のテーマにはどの教官の指導を受けたらよいのかというような情報も交換でき，とても重要な情報源となります。

　授業はテキストに沿った解説を聴くだけというようなものはほとんどなく，各業界の社会人学生が定められたテーマについて指導教官と議論を行うものが中心で，会社で仕事漬けとなっている人には新鮮に感じられるはずです。事前に課題が出され，予習作業を行い，授業において発表するというタイプの授業もあり，興味のある授業を履修すると良い勉強となります。

　最近は，平日の夜，土曜日，中には日曜日に多くの授業が同時開講されるような大学院も増え，1年次から積極的に履修すると，1年次に必要単位の大半を取得できてしまいます。平日の1日か2日程度，夜6時過ぎの授業を履修し，後は週末に終日受講するという人が多いようです。そして1年次の半ばあたりから修士論文のテーマについて検討を始め，1年次の終わりあたりから論文執筆に着手するというようなスケジュールとなるはずです。論文の執筆はかなり大変ですが，大学院には指導教官がいて，論文の指導にあたることから，書けずに留年するような人は，病気でもしない限りほとんどいないはずです。私は

論文提出が修了要件となっている修士課程を2回修了しましたが，論文が書けずに修了することを諦めた人はいなかったように思います。むしろ会社との関係で通学を途中で諦めた人は結構いたはずです。

　修士論文の書き方については，第12章の「社会人にとっての博士課程と博士論文」を参考としてください。自分の仕事に関係することを論文のテーマにすべきという点は，修士論文でも博士論文でも同じだと思います。

第2章

社会人大学院の合格倍率

　大学院への入学を検討する場合に，大学院のキャンパスは通学可能なところにあるのか，費用はどの程度なのか，研究したい領域の学科はあるのか，自分は入学試験に合格するのか，はたまた，大学院ではなく宅建や中小企業診断士などの資格試験を受験して自己啓発を図るのか，などなど複数の検討すべきファクターが存在して，どのように考えるべきか悩む人が多いはずです。いろいろな検討方法があると思われますが，社会人が自己啓発を中心的な目的として大学院への入学を検討する場合には，まず自分が居住ないし勤務している地区の大学院で，合格できそうなところとしてどのような大学院があるのかを確認することから検討作業を始めるのがよいように思われます。必要な費用や，資格試験に挑戦するか大学院に入学するかのどちらを選択するかなどについては，第6章以降で説明します。

　まず，社会人を比較的多く受け入れている大学院（修士課程ないし博士前期課程）について見てみましょう。

＜社会人を多く受け入れている主な大学院＞（北海道・東北）　　（単位：人）

		社会人対応（一部コース限定の場合あり）（情報源＝各大学院HP，ないしRENA）	税理士科目免除の可能性＝○	社会人志願（情報源＝RENA）	社会人合格（情報源＝RENA）
北海道大学大学院	法学研究科			4	3
北海道大学大学院	国際広報メディア・観光学院	夜間，土曜		8	6
弘前大学大学院	教育学研究科	昼夜		9	8
弘前大学大学院	保健学研究科	夜間，土曜		16	16
東北大学大学院	文学研究科	長期履修		9	7

東北大学大学院	教育学研究科	長期履修	14	5
東北大学大学院	経済学研究科	夜間	6	5
東北大学大学院	工学研究科		3	3
秋田大学大学院	教育学研究科	長期履修	11	9
札幌市立大学大学院	看護学研究科		16	13
北海学園大学大学院	法学研究科	昼夜	8	6
北翔大学大学院	生涯学習学研究科		5	5
北海道医療大学大学院	看護福祉学研究科	昼夜	15	15
東北福祉大学大学院（宮城県）	総合福祉学研究科（通信制）	通信制	13	11
東北文化学園大学大学院（宮城県）	健康社会システム研究科	夜間，土曜	8	8
日本赤十字秋田看護大学大学院	看護学研究科	昼夜	10	9
東北芸術工科大学大学院	芸術工学研究科	夜間	9	5
東北公益文科大学大学院（山形県）	公益学研究科	夜間，土曜	14	14
福島学院大学大学院	心理学研究科	夜間，土曜	9	7
合　計			187	155

＜社会人を多く受け入れている主な大学院＞（関東）　　（単位：人）

		社会人対応（一部コース限定の場合あり）（情報源＝各大学院HP，ないしRENA)	税理士科目免除の可能性＝○	社会人志願（情報源＝RENA）	社会人合格（情報源＝RENA）
筑波大学大学院	ビジネス科学研究科	夜間		188	71
筑波大学大学院	ビジネス科学研究科（専門職）	夜間		180	73
筑波大学大学院	人間総合科学研究科	夜間		275	114
政策研究大学院大学	政策研究科	夜間		940	277
一橋大学大学院	国際企業戦略研究科	夜間		39	30
一橋大学大学院	国際企業戦略研究科（専門職）	夜間		171	100
一橋大学大学院	国際・公共政策教育部（専門職）	昼夜		41	34
横浜国立大学大学院	教育学研究科	昼夜		58	32
産業技術大学院大学	産業技術研究科	昼夜		89	89
首都大学東京大学院	社会科学研究科	夜間，週末		77	36
ビジネス・ブレークスルー大学大学院	経営学研究科	通信制		187	181
国際医療福祉大学大学院	医療福祉学研究科	昼夜，週末		125	121
聖学院大学大学院	政治政策学研究科	昼夜，週末	○	14	11
聖学院大学大学院	人間福祉学研究科	昼夜		6	5
東京国際大学大学院	商学研究科	週末	○	19	17
日本工業大学大学院	技術経営研究科（専門職）	夜間，土曜		26	24
平成国際大学大学院	法学研究科	夜間，土曜		11	9
聖徳大学大学院	児童学研究科	通信制		20	20
千葉商科大学大学院	商学研究科	週末	○ 中小登録	14	13

第2章 社会人大学院の合格倍率

大学院	研究科	開講形態	社会人対応	社会人志願	社会人合格
千葉商科大学大学院	会計ファイナンス研究科(専門職)	夜間, 土曜	○	62	55
青山学院大学大学院	法学研究科	昼夜	○	50	43
青山学院大学大学院	経営学研究科	昼夜		54	11
青山学院大学大学院	国際政治経済学研究科	昼夜		17	14
青山学院大学大学院	国際マネジメント研究科(専門職)	昼夜		81	74
青山学院大学大学院	会計プロフェッション研究科(専門職)	昼夜		21	16
国士舘大学大学院	経済学研究科	夜間, 土曜	○	7	6
国士舘大学大学院	法学研究科	夜間, 土曜	○	8	7
専修大学大学院	経済学研究科	昼夜, 土曜		9	7
高千穂大学大学院	経営学研究科	夜間, 週末	○	48	28
拓殖大学大学院	国際協力学研究科	昼夜, 土曜		6	6
中央大学大学院	戦略経営研究科(MBA, 専門職)	夜間, 週末		95	84
日本大学大学院	経済学研究科	夜間, 週末	○	52	26
日本大学大学院	総合社会情報研究科	通信制		85	75
文京学院大学大学院	経営学研究科	夜間, 土曜		28	16
法政大学大学院	経営学研究科	夜間		31	26
法政大学大学院	公共政策研究科	夜間, 土曜		23	21
法政大学大学院	政策創造研究科	夜間, 土曜		31	26
明治大学大学院	経営学研究科	夜間, 土曜		8	7
立教大学大学院	ビジネスデザイン研究科	夜間, 土曜		70	68
立教大学大学院	21世紀社会デザイン研究科	夜間, 土曜		35	31
早稲田大学大学院	商学研究科(専門職)	夜間		392	174
SBI大学院大学	経営管理研究科	通信制		49	49
合計				3742	2127

<社会人を多く受け入れている主な大学院> (北陸・甲信越・東海) (単位：人)

大学院	研究科	社会人対応(一部コース限定の場合あり)(情報源＝各大学院HP,ないしRENA)	税理士科目免除の可能性＝○	社会人志願(情報源＝RENA)	社会人合格(情報源＝RENA)
上越教育大学大学院(新潟県)	学校教育研究科			65	57
上越教育大学大学院(新潟県)	学校教育研究科(専門職)			32	30
長岡技術科学大学大学院(新潟県)	工学研究科	昼夜		25	22
長岡技術科学大学大学院(新潟県・東京サテライト)	技術経営研究科(専門職)	土曜, 日曜		12	12
新潟大学大学院	教育学研究科	昼夜		9	9
岐阜大学大学院	地域科学研究科	昼夜		7	7
福井県立大学大学院	経済・経営学研究科	夜間, 長期履修	○	6	5
情報科学芸術大学院大学(岐阜県)	メディア表現研究科			14	6
名古屋市立大学大学院	経済学研究科	夜間, 土曜		26	19

大学院	研究科	社会人対応	税理士科目免除の可能性=○	社会人志願（情報源＝RENA）	社会人合格（情報源＝RENA）
名古屋市立大学大学院	人間文化研究科	昼夜,毎期履修		18	14
名古屋市立大学大学院	看護学研究科	昼夜		30	19
新潟医療福祉大学大学院	医療福祉学研究科	夜間		35	35
岐阜女子大学大学院	文化創造学研究科（通信制）（男女共入学可）	通信制		18	18
愛知みずほ大学大学院	人間科学研究科	昼夜,土曜,長期履修		8	8
桜花学園大学大学院	人間文化研究科	昼夜,土曜,長期履修		3	3
東海学園大学大学院	経営学研究科	夜間,土曜	○中小登録	7	6
名古屋学院大学大学院（さかえサテライト）	経済経営研究科	夜間,土曜	○	31	31
名古屋学院大学大学院	外国語学研究科（通信制）	通信制		20	19
名古屋経済大学大学院（名駅サテライト）	法学研究科	昼夜	○	37	35
名古屋経済大学大学院（名駅サテライト）	会計学研究科	夜間,土曜	○	7	7
南山大学大学院(愛知県)	ビジネス研究科（専門職）	夜間,土曜		16	15
藤田保健衛生大学大学院	保健学研究科	昼夜,長期履修		26	26
合計				452	403

＜社会人を多く受け入れている主な大学院＞ (近畿)　　（単位：人）

大学院	研究科	社会人対応（一部コース限定の場合あり）（情報源＝各大学院HP、ないしRENA）	税理士科目免除の可能性=○	社会人志願（情報源＝RENA）	社会人合格（情報源＝RENA）
神戸大学大学院	経営学研究科（専門職）	金曜薄暮,土曜		133	72
兵庫教育大学大学院	学校教育研究科	夜間		209	135
兵庫教育大学大学院	学校教育研究科（専門職）	夜間		50	46
大阪市立大学大学院	経営学研究科			16	13
大阪市立大学大学院	創造都市研究科	夜間,土曜		71	63
大阪府立大学大学院	経済学研究科	夜間,週末		42	30
兵庫県立大学大学院	経済学研究科	夜間,土曜,長期履修		18	8
兵庫県立大学大学院	応用情報科学研究科	昼夜,長期履修		10	10
兵庫県立大学大学院	経営研究科（MBA）（専門職）	主に土曜	中小登録	110	48
京都産業大学大学院	経済学研究科（通信教育課程）	通信		19	14
佛教大学大学院	文学研究科（通信制）	通信		27	25
佛教大学大学院	教育学研究科（通信制）	通信		63	12
佛教大学大学院	社会学研究科（通信制）	通信		14	7
佛教大学大学院	社会福祉学研究科（通信制）	通信		21	12
立命館大学大学院	経済学研究科		○	33	30

立命館大学大学院	経営管理研究科（専門職）	夜間，土曜，日曜		24	23
大阪学院大学大学院	法学研究科	夜間		17	14
大阪経済大学大学院	経営学研究科	夜間，土曜	○	65	30
大阪工業大学大学院	知的財産研究科（専門職）	長期履修		9	9
大阪産業大学大学院（梅田サテライト）	経済学研究科	夜間		27	15
大阪商業大学大学院	地域政策学研究科	昼夜		8	7
関西大学大学院	法学研究科	昼夜		11	9
関西学院大学大学院	経営戦略研究科（専門職）	夜間，土曜，日曜	○	117	112
高野山大学大学院	文学研究科（通信制）	通信制		33	28
合　計				1147	772

＜社会人を多く受け入れている主な大学院＞（中国，四国，九州）　（単位：人）

		社会人対応（一部コース限定の場合あり）（情報源＝各大学院HP，ないしRENA）	税理士科目免除の可能性＝○	社会人志願（情報源＝RENA）	社会人合格（情報源＝RENA）
山口大学大学院	技術経営研究科（専門職）	土曜，日曜		22	21
鳴門教育大学大学院	学校教育研究科	土曜，日曜		81	69
鳴門教育大学大学院	学校教育研究科（専門職）	土曜，日曜		40	40
香川大学大学院	地域マネジメント研究科（専門職）	夜間，土曜		32	32
九州大学大学院	経済学府（専門職）	夜間		54	39
鹿児島大学大学院	教育学研究科	夜間		13	12
県立広島大学大学院	総合学術研究科	長期履修（対応相談）		21	19
北九州市立大学大学院	マネジメント研究科（専門職）	夜間		38	32
東亜大学大学院	総合学術研究科（通信制）	通信制		148	62
久留米大学大学院	比較文化研究科	昼夜		12	10
西九州大学大学院	生活支援科学研究科	昼夜		13	12
熊本学園大学大学院	経済学研究科	昼夜		8	8
熊本学園大学大学院	会計専門職研究科（専門職）	夜間	○	23	23
合　計				505	379

出所：「RENA」は，大学入学情報図書館RENA http://www.rena.gr.jp/。上記の表は，「RENA」のサイトの情報をもとに，著者が，各大学のHPなども参考として作成。税理士科目免除の可能性については，各大学のHPなどの情報によるが，○がついていない大学院において個別に対応するケースもある。また逆に○がついていてもコースによって対応しない場合，履修科目などの条件が付く場合もある点，注意のこと。中小登録は中小企業診断士登録コースがある課程。

　上記の表は，大学入学情報図書館RENAのサイトの大学院に関する表（2015年度入学）から，社会人大学院生を多く受け入れている大学院を選び出したデータをもとに，各大学院のホームページなどから，社会人に対する対応（開講時間など）状況と，税理士試験の科目免除に対応しているかなどを調査

(2016年10月現在) した結果を追加記入したものです。この表を見ると，自分が居住ないし勤務している地区にある大学院のうち，受験して合格し，さらに通学できそうな大学院がいくつくらいあるかわかるはずです。夜間ないし昼夜，あるいは土曜などの表示は，各大学院のホームページの表示によるもので，同じ夜間であっても基準が異なっている場合があります。また「夜間」と表示されていても，学科のうちで，夜間に開講しているコースが学科に1つしかない場合もある点に注意する必要があります。さらに，税理士の科目免除の可能性は，原則としてホームページなどにそのような表示がある場合に○を付けましたが，履修科目などの条件が付いている場合も多いはずです。この科目免除は，指導教官の判断次第という面があることから，逆に表で○が付いていなくても，免除の可能性がある大学院も存在しています。

　自分の地区で，合格の可能性がありそうなところで，自分の仕事に関連があるか，あるいは考えている研究テーマに該当しそうな学科をまずマークしてください。通学が難しそうでも，ビジネスの中心地にサテライトキャンパス（ビルの一部を教室として利用しているもの）を設置して社会人が通学しやすいように配慮している大学院もあるので，離れていても，念のためサテライトを設置していないか確認してみることをお勧めします。中京地区の大学院で東京駅近くにサテライトを設置して，東京のビジネスマンの入学を図っている大学院も存在します（名古屋商科大学大学院）。

　なお，以上の表は，大学入学情報図書館RENAのリストをもとに，社会人を多く受け入れている主な大学院を集計したものですが，名古屋商科大学大学院，多摩大学大学院のように，積極的に社会人を受け入れている大学院で，このリストから漏れている大学院も存在しています。社会人を積極的に受け入れているこれらの大学院は，頻繁に新聞などで学生募集の宣伝を行っているので，自分の住んでいる地区の新聞，雑誌などの広告に目を通すことをお勧めします。

　このことは，平成28年（2016年）6月文部科学省が公開した，次の調査報告の結果からも読みとることができます。この調査報告は文部科学省の委託により，2015年12月より2016年1月までの期間において，「社会人を対象としたプログラムを提供している」全国の国公私立の大学院などに対し，「社会人の学び直し」について行われたアンケート（回答大学院など975校，回答社会人学

生7,484人）にもとづいて作成されています（サイトのURL＝巻末の参考1参照）。

各大学院のホームページには，それぞれの特色が記載されているので，通いやすい大学院のサイトをチェックすることも大事です。

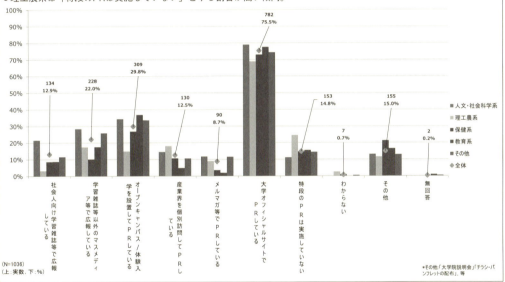

出所：平成28年6月文部科学省公開「社会人の大学等における学び直しの実態把握に関する調査研究」報告書 3．p.22

私が博士号を取得した千葉商科大学大学院に社会人を受け入れる博士課程があることを知ったのも新聞広告でした。

さて，本章初めの表に戻って社会人志願と社会人合格の欄を見ると，倍率が2倍を超えている大学院は一部の人気のある大学院であって，ほとんどの大学院の倍率は，2倍以下であることがわかります。そのことから，複数の大学院に志願するとどこかに合格する確率がかなり高いということになります。

次に，大学院に入学する目的に応じて，出願するところを検討することとな

ります。目的として，A. 仕事に役立つ勉強・研究，B. 学歴の書き換え，C. 税理士の試験科目免除，D. 公認会計士の短答式科目免除，E. 研究職を目指す，などでしょう。Aの人は，仕事内容に近い領域の研究科を選ぶ，Bの人は，大学院の名前を意識して選ぶ，Cの人は，税理士科目免除の可能性で選ぶ，Dの人は，会計系の研究科（専門職）を中心に選ぶということとなるはずです。AおよびBなど，複数の目的を同時に達成したいという人も多いので，その場合は，大学院の名前を意識しつつ，関係する学科がある大学院を選ぶといったことになります。

　いずれにしても，倍率はそれほど高くないところが多いので，上記のような戦略を立てることができると思います。

第3章

社会人大学院に通っている人

　社会人大学院への入学を検討する場合に，どのような人が通っているのか，自分のような立場・年齢の人も通っているのかを知りたくなると思います。それは，自分が通った場合に勤務先など周囲の人の反応に影響するかもしれないし，さらに大学院の教室で自分がどのような存在となるのかなどに関わる大事な問題でもあります。つまり同じような立場・年齢の人が通っていれば，似たケースがあることとなりますし，教室に自分と似たような人がいれば何かと安心な場合が多いはずです。

　ここで，平成28年（2016年）に文部科学省が発表した前出のアンケートの調査結果が大変参考となります。まず，大学院などに通っている人たちの職種を見てみましょう。以下，本書では同調査結果のグラフを多く転載します。

主に社会人を対象としたプログラムで学ぶ社会人の職種 ②「学校種別」
「主に社会人を対象としたプログラムを提供している」と回答のあった大学等の集計結果。10選択肢中、主にあてはまるものを2つまで選択

- 大学院では「会社員」「専門職」「公務員」「教職」と回答する割合が高い傾向。
- 大学では、他と比較して「リタイアメント層」の割合が高い傾向。
- 短大・高専では、他と比較して「パート・アルバイト」「専業主婦（主夫）」の割合が高い傾向

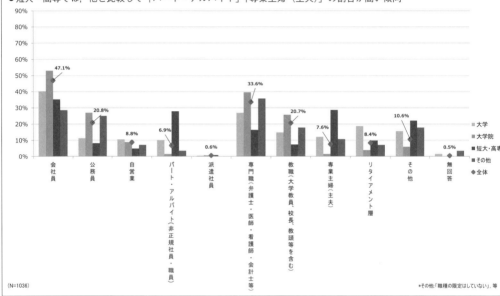

出所：「社会人の大学等における学び直しの実態把握に関する調査研究」報告書3，p.8

　上記グラフのように、各々の職種における左から2つ目の棒グラフでが示す大学院では、会社員、専門職、公務員が多いことがわかります。グラフのパーセントは複数回答可であることから、合計は100.0％を超えています。専門職の人が多く見えますが、この専門職の中には看護師が多く含まれています。

第3章 社会人大学院に通っている人

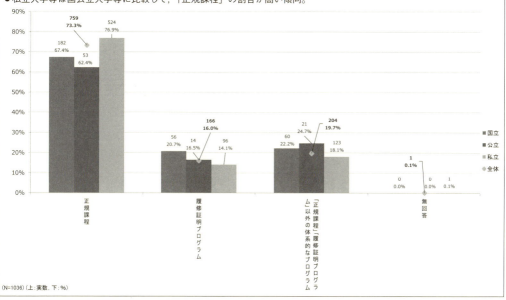

出所:「社会人の大学等における学び直しの実態把握に関する調査研究」報告書3, p.6

　また上記グラフから、履修の形態は、科目履修などではなく、正規課程で履修している人が多いことがわかります。特に私立は76.9%と、国立の67.4%、公立の62.4%と比べ、その傾向が顕著となっています。

主に社会人を対象としたプログラムの履修形態 ③「専攻分野別」
「主に社会人を対象としたプログラムを提供している」と回答のあった大学等の集計結果。3選択肢中、あてはまるものをすべて選択

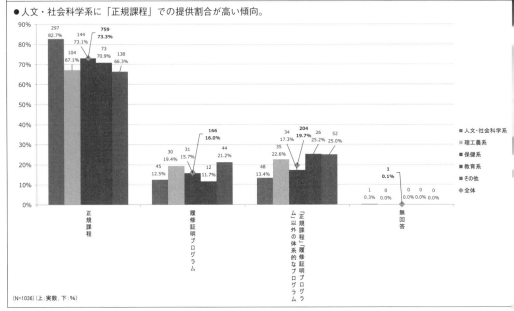

出所：「社会人の大学等における学び直しの実態把握に関する調査研究」報告書3，p.7

　前ページの正規課程が多いという傾向は、さらに専攻分野別で見ると、上記グラフのように、人文・社会科学系において顕著に表われています。正規課程における人文・社会科学系の人は82.7％で、理工農系の人の67.1％を大きく上回っています。

主に社会人を対象としたプログラムで学ぶ社会人の職種　③「専攻分野別」

「主に社会人を対象としたプログラムを提供している」と回答のあった大学等の集計結果。10選択肢中、主にあてはまるものを2つまで選択

- 人文・社会科学系や理工農系では「会社員」との回答割合が高い傾向。
- 保健系では「専門職」と回答する割合が高い傾向。
- 教育系では「教職」と回答する割合が高い傾向。

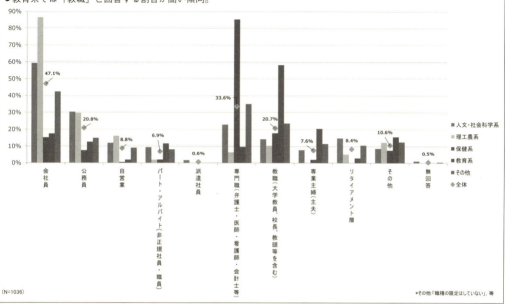

出所：「社会人の大学等における学び直しの実態把握に関する調査研究」報告書3，p.8

　上記グラフのように，社会人大学院などで学んでいる会社員の専攻分野は，理工農系と人文・社会科学系が多いことがわかります。

　また専門職の保健系が多いのは，看護師によるものです。

　公務員と自営業は，人文・社会科学系と理工農系がほぼ同等に多くなっています。

　教職は，当然ながら教育系が大半を占めています。

現在修学中の社会人学生（回答者）の属性

●現在修学中の社会人学生(回答者)の属性は以下のとおり。

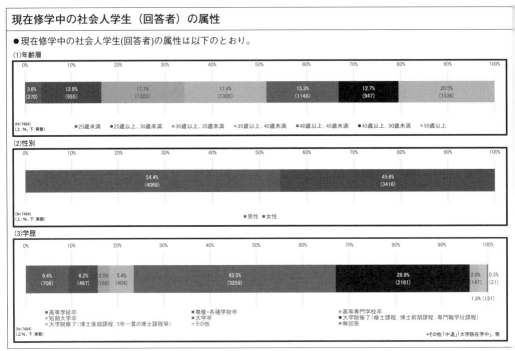

出所：「社会人の大学等における学び直しの実態把握に関する調査研究」報告書3，p.50

　上記グラフのように，社会人学生（大学院生，大学生など）の年齢構成は40〜45歳15.3％，45〜50歳12.7％，50歳以上20.5％となっていて，40歳以上の人が合計で48.5％と約半分を占めていることがわかります。

　また，性別を見ると男性が54.4％で，学歴は大卒が43.5％，大学院（修士）修了が28.9％で，大卒と大学院（修士）修了者を合わせると72.4％に達しています。

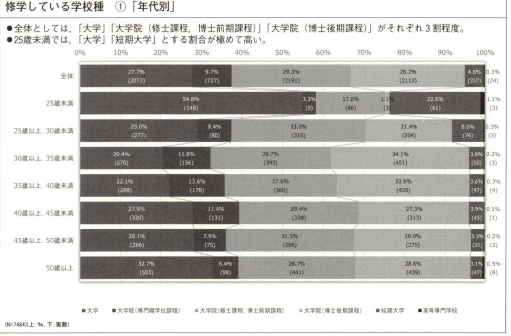

　上記のグラフを見ると，社会人学生のうちで，25歳未満は大学に通っている人が54.8％と半数を占めていますが，25歳以上では大学院に通っている人のほうが多くなり，例えば，25歳以上，30歳未満では，大学が29.0％で大学院（専門職と修士と博士）が62.8％，30歳以上，35歳未満では，大学が20.4％で大学院が75.6％，35歳以上，40歳未満では，大学が22.1％で大学院が74.0％，40歳以上，45歳未満では，大学が27.9％で大学院が68.1％，45歳以上，50歳未満では，大学が28.1％で大学院が68.4％，50歳以上では，大学が32.7％で大学院が63.7％となっています。

就業の有無　①「年代別」

- 全体の7割が「フルタイムで働いている」。
- 次いで「パートタイム，アルバイトなどで働いている」人が1割となっている。
- 「求職中又は今後求職予定」とする層は30歳未満が比較的多い。

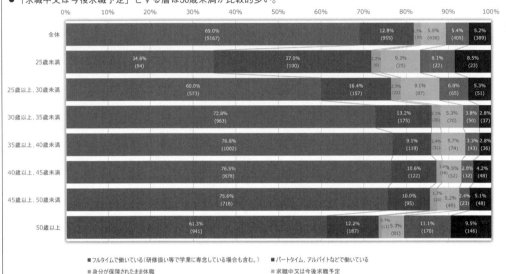

出所：「社会人の大学等における学び直しの実態把握に関する調査研究」報告書3，p.50

　社会人学生の就業状況は上記グラフの通り，全体では，69.0％の人がフルタイムの職業を持っていて，25歳以上，30歳未満の人は，60.0％，30歳から50歳未満の人は，約72〜77％が，フルタイムの職業を持っていることがわかります。

　なお，25歳未満でフルタイムの職業を持っている人はわずか34.8％に留まっていますが，人数が少なく，大学卒業と同時にアルバイトをしながら社会人大学院などに入学したような人が混じっていると考えられます。

第3章 社会人大学院に通っている人

現在の職種 ①「年代別」

「フルタイムで働いている」「パートタイム，アルバイトなどで働いている」「身分が保障されたまま休職」と回答した学生の集計結果。

- 職種については，全体では「専門職種」が4割を占めて最も多い。次いで「技術系職種」「事務系職種」等。
- 25歳未満では「販売・サービス系職種」「その他」の割合が極めて高い。
- 「企画・管理系職種」や「専門職種」の割合は高年齢層ほど高くなる傾向。

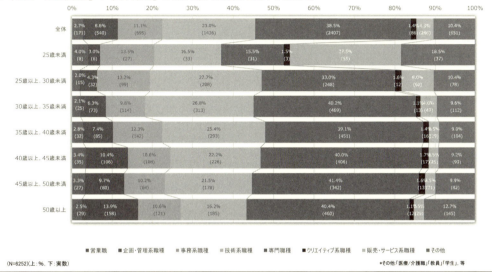

出所：「社会人の大学等における学び直しの実態把握に関する調査研究」報告書3，p.53

　社会人学生の職種は，上記グラフの通り，年齢別の全体で見ると，多い順に，専門職種（38.5％），技術系職種（23.0％），事務系職種（11.1％），企画・管理系職種（8.6％）となっています。

　この専門職種の比率は，年齢とともに増える傾向があり，25歳未満では15.5％ですが，50歳以上では40.4％となっています。

現在の役職　①「年代別」

「フルタイムで働いている」「パートタイム，アルバイトなどで働いている」「身分が保障されたまま休職」と回答した学生の集計結果です。

- 役職については，全体では「一般社員・職員クラス相当」が半数を占めて最も多い。
- 若年齢層ほど，「一般社員・職員クラス」の割合が高くなる傾向。
- 高年齢層ほど，「課長，部長クラス相当」「役員，経営者クラス相当」の割合が高くなる傾向。

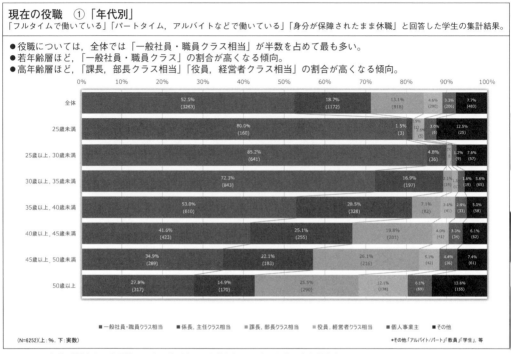

出所：「社会人の大学等における学び直しの実態把握に関する調査研究」報告書3，p.55

　社会人学生の職場での役職は，上記グラフの通り，年齢別の全体では，一般社員・職員クラス相当（52.5％），係長，主任クラス相当（18.7％），課長，部長クラス相当（13.1％）の順で多く，年齢が高くなると，係長，主任クラス相当，ないし課長，部長クラス相当が相対的に増えていることがわかります。

現在の役職 ③「従事者規模別」

「フルタイムで働いている」「パートタイム，アルバイトなどで働いている」「身分が保障されたまま休職」と回答した学生の集計結果です。

● 大規模組織に勤務する者ほど，「課長，部長クラス相当」「係長，主任クラス相当」の割合が高い。
● 小規模組織からは「役員，経営者クラス相当」「個人事業主」の修学者も比較的高い傾向。

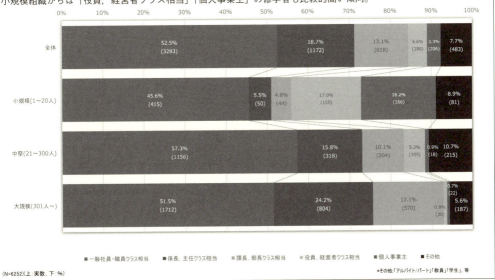

出所：「社会人の大学等における学び直しの実態把握に関する調査研究」報告書3，p.56

　社会人学生の現在の役職を会社の規模別に見ると，小規模の会社では，上記グラフの通り，役員，経営者クラス相当（17.0％）と個人事業主（18.2％）の比率が高くなっていることがわかります。また，大規模な会社では，一般社員・職員クラス相当（51.5％）と係長，主任クラス相当（24.2％），課長，部長クラス相当（17.1％）が高い比率となっていることがわかります。

修学中の雇用上の扱い　①「年代別」

「フルタイムで働いている」「パートタイム，アルバイトなどで働いている」「身分が保障されたまま休職」と回答した学生の集計結果。

● 修学中の雇用上の扱いは，全体としては「通常と変わらない」が 7 割弱で最も多い。
● 高年齢層ほど「通常と変わらない」の割合が高く，若年齢層ほど「研修扱い」「時間短縮勤務」の割合が高い傾向。

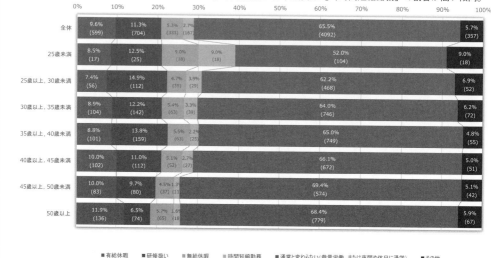

(N=6252)(上：％，下：実数)
＊その他「休職」「アルバイト/パート」，等

出所：「社会人の大学等における学び直しの実態把握に関する調査研究」報告書3，p.59

　上記グラフを見ると，社会人学生が会社における業務は通常と変わらないという比率が65.5％と大半を占めていますが，同時に，有給休暇扱い，あるいは研修扱いとなっている人が各年代ともに2割程度いることがわかります。

修学中の専攻分野　①「年代別」

- 全体としては，「保健」が2割強で最も多く，次いで「その他」「社会科学」「工学」など。
- 25歳未満では，他の年齢層に比べて「教育」の割合が高く，「保健」「社会科学」の割合が低い傾向。
- 25～40歳未満では「保健」の割合が高い傾向。

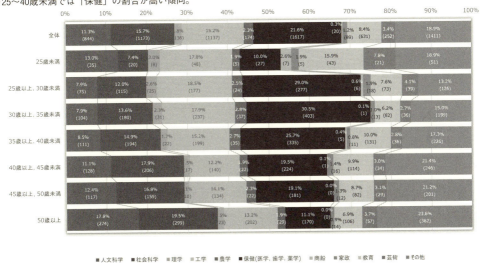

出所：「社会人の大学等における学び直しの実態把握に関する調査研究」報告書3，p.71

　修学している専攻分野を見ると，年齢別の全体では，保健（主に看護師）が最も多く，次いで事務系の会社員の自己啓発の対象となる人文科学と社会科学が合わせて，27.0％を占めています。

　ここで説明した内容から次のようなことがいえるようです。社会人学生（大学院生，大学生など）の年齢を見ると，若い人ばかりでなく，40歳以上の人が約半数を占め，管理職以上のベテランの人も多いということです。また職種は会社員が多く，働く形態はフルタイムの人が大半で，通っている課程も科目履修ではなく正規課程が大半ということです。そして学んでいる内容は，事務系の会社員の自己啓発の対象となる人文科学系と社会科学系も多いということです。読者の中には，意外と自分のような人も通って勉強しているのだなと感じた人が多いのではないでしょうか。

第4章

社会人大学院に通っている人の目的と満足度

　社会人大学院に通っている人たちがどのような目的を持っているのかも気になるところだと思います。自分と同じ目的の人がどの程度いるのか，自分のような考え方でよいのか，悩むところだと思います。また，社会人がいろいろな目的で大学院などで教育を受けた結果の満足度がどうなっているかも，入学を考える上で，重要な要素となるはずです。第3章と同様に，ここでも，文部科学省が発表したアンケートの調査結果を参考に検証してみましょう。

　まずはじめに，学生の考えている目的ではなく，大学が想定している学生の受講目的を確認しましょう。

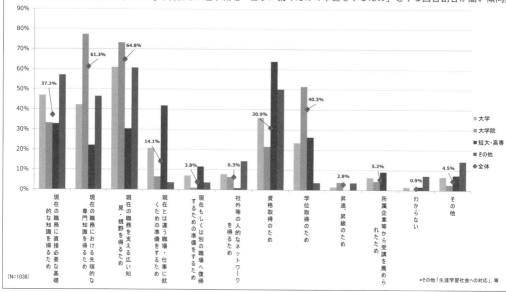

出所:「社会人の大学等における学び直しの実態把握に関する調査研究」報告書3, p.9

　上記のグラフのように，大学と大学院でかなり差があるようです。大学の場合は，目的が，「現在の職務を支える広い知見・視野を得るため」，「現在の職務に直接必要な基礎的な知識を得るため」，「現在の職務における先端的な専門知識を得るため」，「資格取得のため」となっていますが，大学院の場合は，「現在の職務における先端的な専門知識を得るため」，「現在の職務を支える広い知見・視野を得るため」，「学位取得のため」となっていて，上位2項目が特にウェートが高くなっています。

大学等が考える社会人学生の受講目的・動機 ③「専攻分野別」

「主に社会人を対象としたプログラムを提供している」と回答のあった大学等の集計結果。12選択肢中、主にあてはまるものを3つまで選択

- 理工農系や保健系では「現在の職務における先端的な専門知識を得るため」とする割合が多い傾向。
- 教育系では「現在の職務における先端的な専門知識を得るため」「資格取得のため」を目的としているとの回答割合が高い傾向。

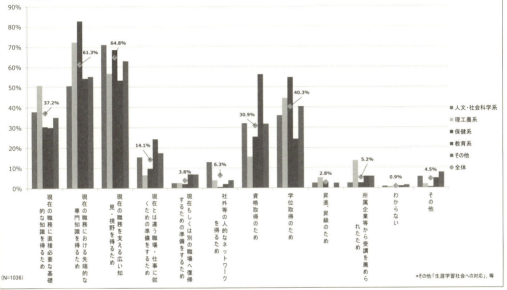

出所:「社会人の大学等における学び直しの実態把握に関する調査研究」報告書3, p.10

　同様の内容を専攻分野別で見ると、大学と大学院の合算ですが、理工農系や保健系、教育系では、「現在の職務における先端的な専門知識を得るため」とする割合が高いですが、人文・社会科学系では、「現在の職務を支える広い知見・視野を得るため」の割合が高くなる点が注目されます。

　次に、学生が考えている目的を確認しましょう。

学び直しを行う理由　①「年代別」

11選択肢中、あてはまるものを3つまで選択

- 全体としては、「現在の職務を支える広い知見・視野を得るため」「学位取得のため」がともに5割で最も多い。
- 35～50歳未満では、「現在の職務を支える広い知見・視野を得るため」とする割合が高い傾向。
- 25～30歳未満では、30歳以上の年齢層に比べて、「資格取得のため」とする割合が高い傾向。

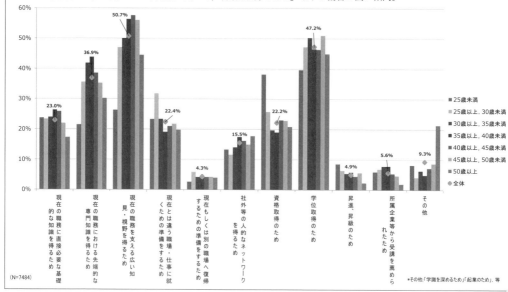

出所：「社会人の大学等における学び直しの実態把握に関する調査研究」報告書3、p.79

　上記グラフのように、大学が想定していた目的とは若干の違いがあるようです。学生が考えている目的（理由）は、各年代ともに、トップは、「現在の職務を支える広い知見・視野を得るため」で、その次が、「学位取得のため」となっています。

　ここまでのデータは、すでに社会人教育を受けている学生のアンケート結果ですが、まだ教育を受けていない社会人はどのように考えているのでしょうか。

第4章　社会人大学院に通っている人の目的と満足度

学び直す目的　①「年代別」

「大学等で学び直しを行いたい」「大学等で学び直しを行うことに興味はある」とした者の集計結果。12選択肢中、あてはまるものを3つまで選択

- 全体としては「資格を取得できること」を主な目的とする意向が高い傾向。
- ただし、30～35歳未満は、「資格を取得できること」「学位を取得できること」への関心よりも、「現在の職務に直接必要な基礎的な知識を得ること」に関心が高い傾向。

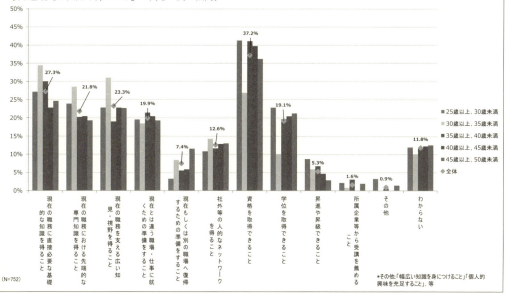

出所：「社会人の大学等における学び直しの実態把握に関する調査研究」報告書3，p.128

　上記グラフのように、目的のトップは、「資格を取得できること」の割合がかなり高く、次いで「現在の職務に直接必要な基礎的な知識を得ること」、「現在の職務を支える広い知見・視野を得ること」となっています。

　社会人教育の経験者と未経験者には、上記のように目的という点で差異があるようです。差異の理由は、両グループにおける教育に対する積極性の違いなどによるものと思われます。つまり、現在の職務のために修学の必要を感じる人は、修学する確率が高いのではないでしょうか。

　本章に掲げた各グラフのデータからは、いろいろなことが読み取れるはずです。例えば、大学院の場合は、大学と違い、「現在の職務を支える広い知見・視野を得ること」よりも「現在の職務における先端的な専門知識を得ること」を目的とする割合が高いとか、人文・社会科学系では、「現在の職務における

先端的な専門知識を得ること」よりも「現在の職務を支える広い知見・視野を得ること」を目的とする割合が高いとか、修学生は未経験者に比べ、資格取得よりも現在の職務との関係を重視しているなどの点です。

続いて、修学生の満足度はどのようになっているかを見てみましょう。

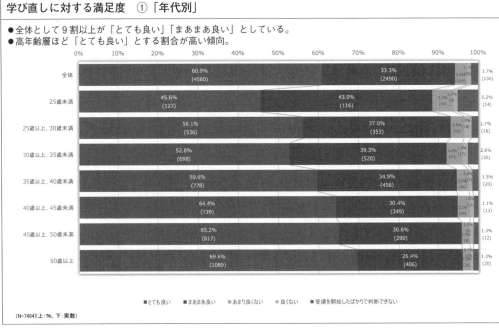

出所：「社会人の大学等における学び直しの実態把握に関する調査研究」報告書3、p.81

上記グラフのように、年齢別の合計では、60.9％の人が「とても良い」と回答し、33.3％の人が「まあまあ良い」と回答しています。「とても良い」と「まあまあ良い」を合わせると、94.2％とかなり高い満足度となっています。さらに、年齢別のグラフを見ると、年齢が高い人ほど、「とても良い」の比率が高まり、50歳以上では、69.6％に達しています。

第4章 社会人大学院に通っている人の目的と満足度

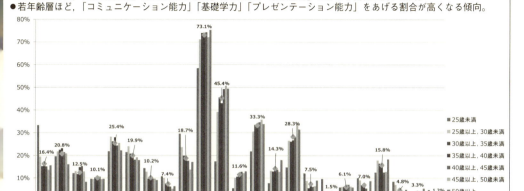

出所:「社会人の大学等における学び直しの実態把握に関する調査研究」報告書3, p.83

　そして,修得したい知識としては,「専門的知識」,「論理的思考能力」,「問題設定・解決能力」,「情報分析能力」となっていることがわかります。

　本章のデータから,社会人は大学院などで,「専門的知識」,「論理的思考能力」,「問題設定・解決能力」,「情報分析能力」などの修得を望み,修学の結果の満足度は大変高く,年齢が高くなるほどさらに満足度が増していることがわかったはずです。

第5章

社会人大学院の授業の形態

　社会人大学院の授業がどのようなスタイルで行われるのかも，入学を検討する時には気になると思われます。この点についても文部科学省が公表したアンケート結果が参考になります。同アンケートのデータをもとに説明します。

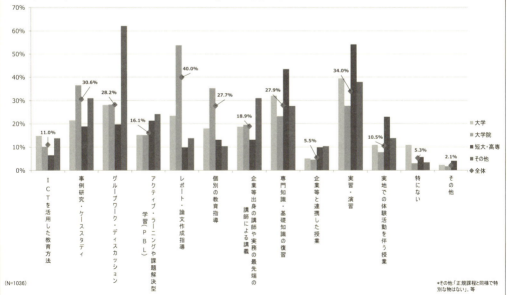

出所：「社会人の大学等における学び直しの実態把握に関する調査研究」報告書3，p.13

前ページのグラフのように、授業の形態でみると、大学院は、「レポート・論文作成指導」、「事例研究・ケーススタディ」、「個別の教育指導」、「グループワーク・ディスカッション」の割合が高いことがわかります。

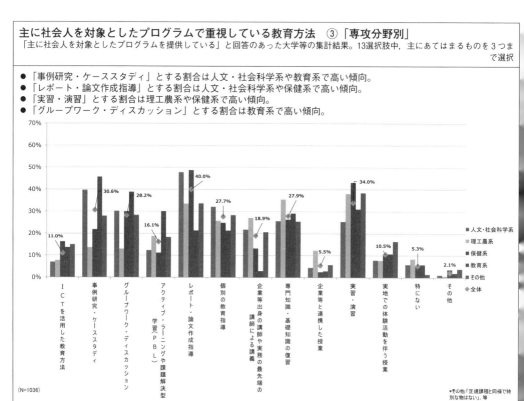

出所：「社会人の大学等における学び直しの実態把握に関する調査研究」報告書3, p.14

大学院などの中で、人文・社会科学系の学科に限定しても同様に「レポート・論文作成指導」、「事例研究・ケーススタディ」、「個別の教育指導」、「グループワーク・ディスカッション」の割合が高いことがわかります。

第5章 社会人大学院の授業の形態　43

社会人の学び直しを促進するために重視している教育環境　①「設置主体別」

「主に社会人を対象としたプログラムを提供している」と回答のあった大学等の集計結果。21選択肢中、主にあてはまるものを5つまで選択

- 全体としては、「夜間、土日、休日等の社会人に配慮した時間帯での授業を開講していること（6割弱）」と「体系的な教育カリキュラムを充実させること（5割強）」の2点が極めて高い傾向。
- 国立大学等では「夜間、土日、休日等の社会人に配慮した時間帯での授業を開講していること」をより重視する傾向。

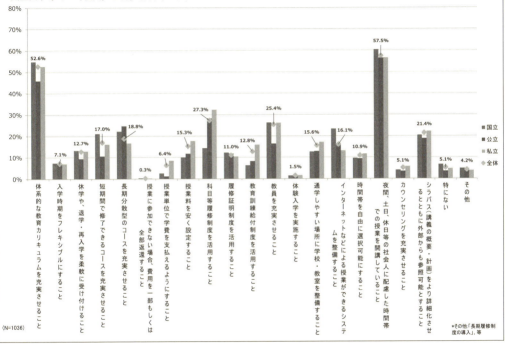

出所：「社会人の大学等における学び直しの実態把握に関する調査研究」報告書3, p.15

　上記グラフのように、大学院などが重視している教育環境は、国立、公立、私立ともに「夜間、土日、休日等の社会人に配慮した時間帯での授業を開講していること」(57.5％)、「体系的な教育カリキュラムを充実させること」(52.6％) となっています。

社会人の学び直しを促進するために重視している教育環境　②「学校種別」

「主に社会人を対象としたプログラムを提供している」と回答のあった大学等の集計結果。21選択肢中、主にあてはまるものを5つまで選択

- 「夜間、土日、休日等の社会人に配慮した時間帯での授業を開講していること」とする割合は大学院、その他で高い傾向。
- 「体系的な教育カリキュラムを充実させること」とする割合は大学、大学院で高い傾向。
- 「科目等履修制度を活用すること」とする割合は短大・高専、大学で高い傾向。

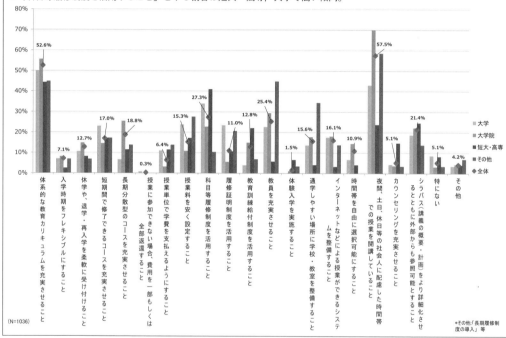

出所：「社会人の大学等における学び直しの実態把握に関する調査研究」報告書3，p.15

　これを大学院と大学で区別して見ると、大学院において、「夜間、土日、休日等の社会人に配慮した時間帯での授業を開講していること」、「体系的な教育カリキュラムを充実させること」を、他の項目に比してより重視していることが鮮明となっています。

　上記をまとめると、社会人を対象とした各大学院は、授業の形態としては、「レポート・論文作成指導」、「事例研究・ケーススタディ」、「個別の教育指導」、「グループワーク・ディスカッション」の割合を高めようとしていて、「夜間、土日、休日等の社会人に配慮した時間帯での授業を開講」、「体系的な教育カリ

キュラム」に配慮しようとしていることがわかります。
　次に，学生が大学院などに期待している授業の形態がどうなっているかを見てみましょう。

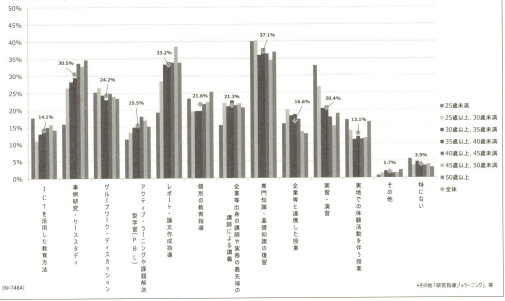

上記グラフのように，年齢にあまり関係なく，社会人大学院などの学生が期待する教育方法は「専門知識・基礎知識の復習」，「レポート・論文作成指導」，「事例研究・ケーススタディ」となっています。ここでは，大学院生に限定したデータはありませんが，もしあれば，大学院側の方針に関するデータから考えて，「専門知識・基礎知識の復習」の比率は少し下がるはずです。

大学等に期待する教育環境　①「年代別」

21選択肢中、あてはまるものを5つまで選択

- 全体としては、「授業料を安く設定すること」「夜間、土日、休日等の社会人に配慮した時間帯での授業を開講していること」の2つが4割強と高い傾向。
- 高年齢層ほど、「教員を充実させること」「夜間、土日、休日等の社会人に配慮した時間帯での授業を開講していること」等をあげる割合が高くなる傾向。

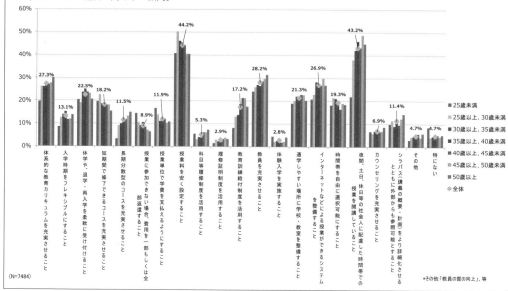

出所：「社会人の大学等における学び直しの実態把握に関する調査研究」報告書3、p.89

　社会人学生が大学院などに今後期待する教育環境として、トップに「授業料を安く設定すること」があがり、次に僅差で、「夜間、土日、休日等の社会人に配慮した時間帯での授業を開講していること」となっています。

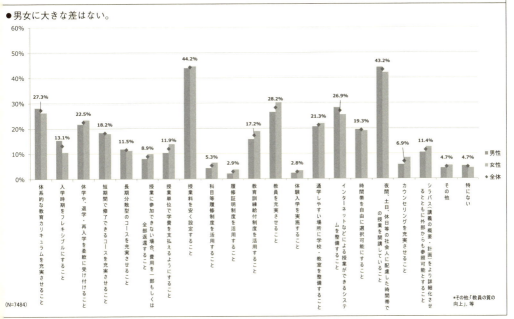

出所:「社会人の大学等における学び直しの実態把握に関する調査研究」報告書3, p.90

　社会人学生が大学院などに今後期待する教育環境について,性別に見たものが上のグラフです。トップの「授業料を安く設定すること」など各項目に男女間の差はほとんどありません,唯一「入学時期をフレキシブルにすること」を男性は女性よりやや重視しているようです。

大学等に期待する教育環境 ③「従事者規模別」

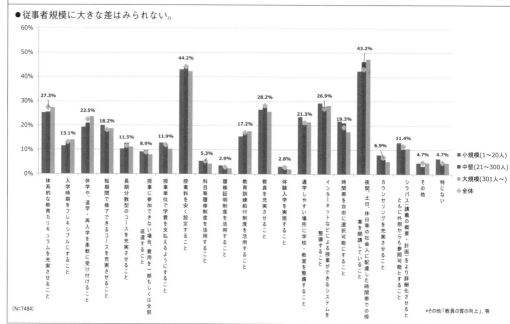

出所:「社会人の大学等における学び直しの実態把握に関する調査研究」報告書3,p.90

　また,社会人学生が所属している会社の規模などにもあまり関係がないようです。

　上記をまとめると,社会人学生が大学院などに期待している教育方法として,「専門知識・基礎知識の復習」,「レポート・論文作成指導」,「事例研究・ケーススタディ」が上位にきて,教育環境として,トップに「授業料を安く設定」があがり,次に僅差で,「夜間,土日,休日等の社会人に配慮した時間帯での授業を開講していること」となっています。

第6章

社会人大学院の通学費用

　大学院の通学費用について，概要を説明します。以下で説明する費用には交通費，書籍代などは含まれず，大学院に払う費用のみである点に注意してください。文系の場合，国公立では，入学金が28万円，年間の授業料が54万円程度です。私立はかなり幅があり，一般的な文系の大学院の場合，入学金が20～30万円，1年間の授業料が60～100万円程度です。理系は文系よりも高くなります。通信制の大学院の費用は，入学金が10～20万円で，1年間の授業料が30～60万円というところです。これは通学制よりは安いですが，通信制の大学よりは高くなっています。

　通学費用についても，文部科学省が公表しているアンケートの調査結果を見てみましょう。

修学費用の総額　①「年代別」

- 全体としては，「200万円以上」が3割で最も多く，以下「150万円以上，200万円未満」が2割，「100万円以上，150万円未満」が2割となっており，「100万円以上」で6割を占めている。
- 年齢階層別には，30～40歳未満に「200万円以上」とする割合が高い。

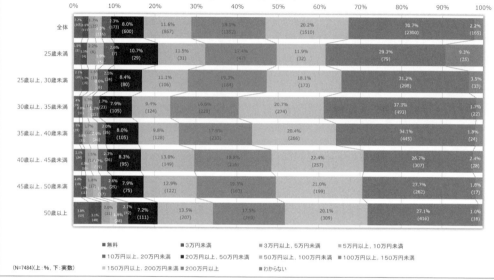

出所：「社会人の大学等における学び直しの実態把握に関する調査研究」報告書3，p.77

　上記グラフのようになっています。この修学費用の総額は，入学金と修了までの授業料が入っています。大学院の場合は，概ね2年なので，入学金と2年分の授業料の合計となります。200万円未満が概ね3分の2で，200万円以上が概ね3分の1を占めています。上記グラフには通信制などの大学の学部が含まれている点に注意する必要があります。

第6章 社会人大学院の通学費用　51

授業料の支払い方法　①「年代別」

「フルタイムで働いている」「パートタイム，アルバイトなどで働いている」「身分が保障されたまま休職」と回答した学生の集計結果。
5選択肢中，あてはまるものをすべて選択

- 全体としては，8割強が「自己負担」となっている。「所属企業が負担」するケースも1割強ある。
- 高年齢層ほど「自己負担」の割合が高まり，若年齢層ほど「所属企業が負担」する割合が高まる傾向。

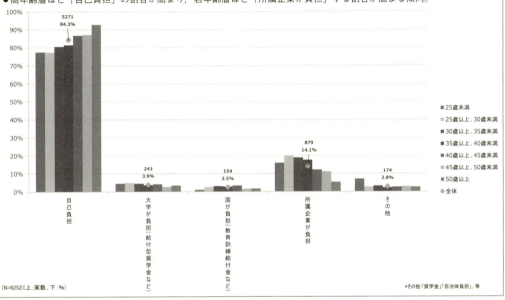

出所：「社会人の大学等における学び直しの実態把握に関する調査研究」報告書3，p.62

　授業料は，上記のように，84.3％の人が自己負担となっています。年齢が高くなるほどこの比率は上がり，50歳以上では90％を超えています。一部の人が，企業派遣などで会社が負担していて，その比率は25歳以上，30歳未満が最も高く，年齢が高くなるほど下がっていく傾向となっています。

授業料の支払い方法 ②「性別」

「フルタイムで働いている」「パートタイム，アルバイトなどで働いている」「身分が保障されたまま休職」と回答した学生の集計結果。
5 選択肢中，あてはまるものをすべて選択

- 男性に比べて女性は「自己負担」割合が高い傾向。
- 女性に比べて男性は「所属企業が負担」する割合が高い傾向。

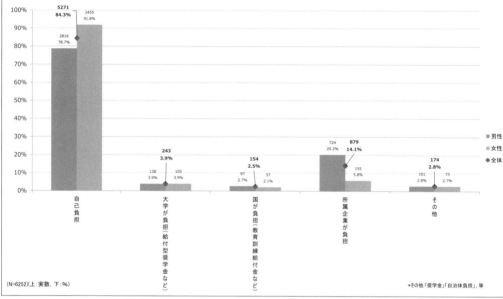

出所：「社会人の大学等における学び直しの実態把握に関する調査研究」報告書3，p.62

　この自己負担の比率は，男女で多少差があり，男性は78.7％で，女性よりも会社等が負担している比率が高くなっています。

　大学院で勉強するためには，大学院に払う費用のほかに，主なもので交通費や書籍代などが発生します。書籍代は大学の図書館をうまく利用すれば，そう多くはならないはずです。論文などのコピーの費用は，一定のコピーができるカードが大学院から無料で支給される場合が多いはずです。恐らく一番費用がかかるのは，個人差はあるでしょうが，授業の後の飲食費・交際費に一番費用がかかるという人もいるはずです。

社会人学生を経済的に支援する取組 ③「専攻分野別」

「主に社会人を対象としたプログラムを提供している」と回答のあった大学等の集計結果。5選択肢中、あてはまるものをすべて選択

● 人文・社会科学系では「教育訓練給付コースを設置している」とする割合が高い傾向。

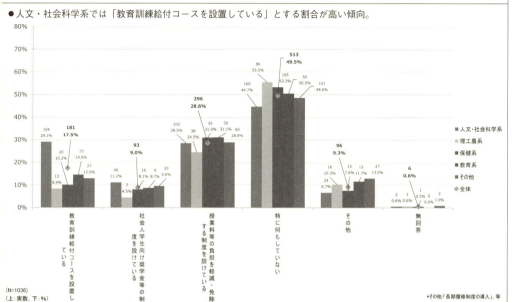

出所:「社会人の大学等における学び直しの実態把握に関する調査研究」報告書3, p.18

　人文・社会科学系の大学院などは、その29.1％が、「教育訓練給付コース」を上記グラフのように設置しています。受講開始日現在で、雇用保険の被保険者であった期間が一定年数以上である必要がありますが、適用されると最大で年32万円の給付を受けることができるので、ぜひ、検討すべきです。

第7章

勤務先との関係

　社会人大学院への入学を検討する際に勤務先に入学のことを報告すべきか，あるいは黙っているのかなど，勤務先との関係に悩む人も多いはずです。私の場合は，修士課程と博士課程を合計すると5回も大学院に入学しました。初めて修士課程の合格の通知を受け取った時には，うれしかったですが，当時ルールに厳しい銀行に勤務していたことから，やはり悩みました。所属する会社によって，あるいはその人の職種や立場によっても事情は異なるはずです。大学院で勉強するにあたりスムーズに通えるかなどに関係していてとても大事なことです。会社に報告しないということは，さらに現在の仕事に関係することを修士論文のテーマとして扱おうとした時に制約が出やすいし，せっかくの研究成果を仕事に活かせないということになりかねません。また，大学院に提出する研究計画書に影響する場合もあるはずです。そうすると合格率にも影響するということとなります。この研究計画書や合格率との関係は，第9章で説明します。

　ここではまず，この問題に関して，前章まで見てきた文部科学省が公表したアンケートの調査結果を見てみましょう。その後で，私が経験したことなども交えてどのように考えるべきかを説明します。

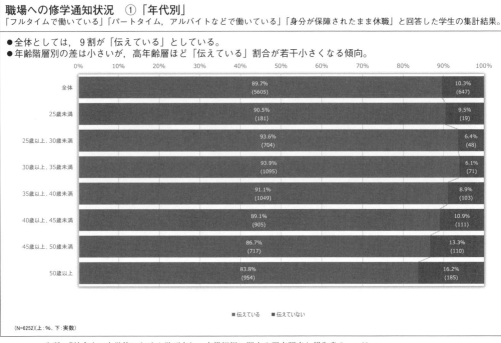

出所:「社会人の大学等における学び直しの実態把握に関する調査研究」報告書3, p.63

　上記グラフのように、全体で89.7%の人が修学を通知していて、年齢が高くなると、多少通知する人が減っていることがわかりますが、ほとんどの人が勤務先に通知しているとのデータとなっています。ただし、この89.7%というのは私の実感からすると、少し多すぎるかもしれません。私が所属した大学院で、クラスに何人かは勤務先に通知していないことから、勤務先に電話などの連絡をしないように大学院スタッフに頼んでいる人がいました。その人数は1割を超えていたような印象を持っています。いずれにしても多くの人は、勤務先に通知をしていたはずです。

職場への修学通知状況　②「性別」
「フルタイムで働いている」「パートタイム，アルバイトなどで働いている」「身分が保障されたまま休職」と回答した学生の集計結果。

● 性別で差はみられない。

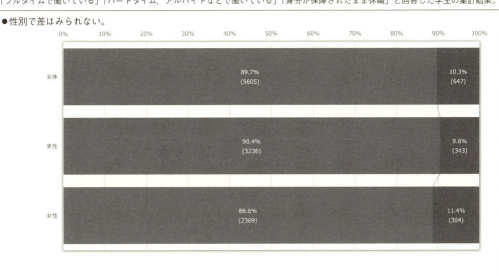

出所：「社会人の大学等における学び直しの実態把握に関する調査研究」報告書３，p.64

　　上記グラフのように，勤務先へ通知したという比率の男女差は，さほど大きくないようです。男性の90.4％が勤務先へ通知し，女性の88.6％が勤務先に通知しているということです。

職場へ修学通知しない理由 ①「年代別」

「フルタイムで働いている」「パートタイム、アルバイトなどで働いている」「身分が保障されたまま休職」と回答した学生のうち、職場へ修学を通知していない者の集計結果。

- 全体としては、「業務時間外の通学であるため、伝える必要がないため」が4割、次いで「自己啓発であるため」が3割強。
- 高年齢層ほど「業務時間外の通学であるため、伝える必要がないため」「自己啓発であるため」とする割合が高くなる傾向。
- 若年齢層ほど「転職予定のため」「転職予定でないにも関わらず、そのように思われる可能性があるため」とする割合が高くなる傾向。

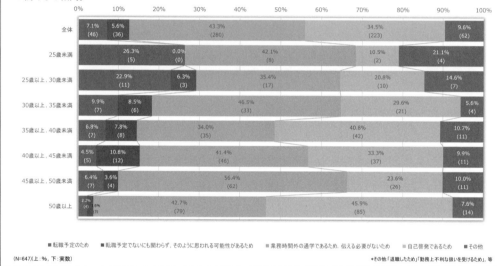

出所:「社会人の大学等における学び直しの実態把握に関する調査研究」報告書3, p.65

　また、勤務先に伝えない理由は、上記グラフのように、年齢別の全体で見ると「勤務時間外の通学であるため、伝える必要がないため」、「自己啓発であるため」が主要な理由となっています。40歳以上、45歳未満の10.8％を中心に、「転職予定でないにも関わらず、そのように思われる可能性があるため」という理由がある点も注目されます。

職場へ修学通知しない理由 ②「性別」

「フルタイムで働いている」「パートタイム，アルバイトなどで働いている」「身分が保障されたまま休職」と回答した学生のうち，職場へ修学を通知していない者の集計結果。

- 女性は男性に比べて「業務時間外の通学であるため，伝える必要がないため」とする割合が高い傾向。
- 男性は女性に比べて「自己啓発であるため」とする割合が高い傾向。

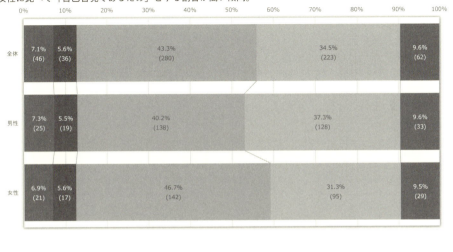

(N=647)(上：％，下：実数)　　　　　　　　　　　　　　　　　　　　＊その他「退職したため」「勤務上不利な扱いを受けるため」，等

出所：「社会人の大学等における学び直しの実態把握に関する調査研究」報告書３．p.65

　通知をしない理由は，上記グラフのように，男女差はあまり大きくないようですが，それでも細かく見ると，「業務時間外の通学であるため，伝える必要でないため」という理由を男性の40.2％があげているのに対し，女性はより多くの46.7％があげていることがわかります。

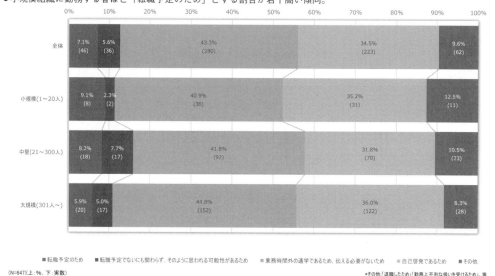

出所:「社会人の大学等における学び直しの実態把握に関する調査研究」報告書3, p.66

　勤務先に通知しない理由で少し気になる「転職予定でないにも関わらず, そのように思われる可能性がある」との回答が, 中堅規模の会社の従業者では, 上記グラフのように, 7.7%と比率が高い傾向になっています。

　この会社への通知はいろいろな意味でとても大事です。私の経験なども交え以下に少し詳しく説明します。社会人大学院に通う目的は, 仕事のために, 先端的な専門知識ないし広い知識を得るという人が圧倒的に多かったことを, 第4章でアンケートの結果から確認しました。ですから私は, 仕事のためということを会社の人に理解してもらって大学院に通学すべきだと考えます。そのためにも, 仕事に直結するテーマを考えて, その領域の勉強ができる大学院, 学科を選ぶべきで, そうすれば, 会社にも説明がしやすくなるはずです。

　私は1995年に多摩大学大学院の経営情報学研究科修士課程に合格しました。

当時は社会人大学院がまだほとんどなく，多摩大学大学院ができて3年目のことでした。私は宅建の試験には合格したものの中小企業診断士の試験は不合格で落胆していました。私の当時の勤務先は，ルールに厳しい住友銀行の国内支店で，勤務先に連絡すべきか悩みました。もちろん，参考となるような社会人大学院に関する雑誌や本などありませんでした。当時は社会人にとって，大学院で勉強することなどありえないというような時代でした。かなり悩み，他の支店で勤務している親しい同期入社の同僚に相談したところ，予想以上に厳しい話を聞かされてしまいました。その同僚によると，大学を卒業せずに高校卒業者として入行した女性が数年前に夜間大学に入学しようとしたところ，問題になったということでした。私は，許可されない場合は入学をあきらめることになるのかと心配しました。当時私は副支店長という責任のある立場で，取引先の財務分析も大事な仕事でした。大学院に入学するのは財務会計を勉強するためで，仕事のためであったことから，思い切って，上司の支店長に相談しました。当時の支店長は「自分が許可するのは可能である。しかし本店の了解なくして許可すると，人事異動の際には，銀行としては許可したことにならないから問題となるリスクがある。よって人事部に相談するから，任せるように」とのことでした。数日後，支店長が人事部の担当者に話したところ，入学希望者（私）が，若手ではなく支店の幹部であったことから，かなり驚かれ人事部の上層部が判断するとの説明がありました。そしてさらに数日後，人事部が出した結論は，予想に反し，許可というよりもむしろ，大いに勉強することを銀行の方針として決定するが，費用は自己負担というようなことでした。当時の日本の銀行はバブルが崩壊した後の厳しい時代となっていて，銀行の職員の研修・養成方針が転換するようなタイミングでした。とはいうものの，上司の支店長の判断と配慮に対し，今でも深く感謝をしています。普段の仕事では厳しい上司でしたが，本当は心の優しい人で，人事部からの連絡を説明してくれた時の支店長の顔は忘れることができません。20年も前のことですが，その上司には，いまでも毎年，近況報告かたがた年賀状を出しています。

大変な思いをして大学院へ入学しましたが，勤務先に対し，人事部も含め連絡したことから，人事異動があって支店長が交替しても，後任の支店長からも随分と配慮していただき，平日夜間の授業に問題なく出席できました。大学院

では財務会計，経営分析の勉強をし，時価会計に関する修士論文を書き，銀行で取引先の財務分析をする時に大学院で得た知識を大いに役立てることができました。大学院では共有の研究室と専用のデスクが与えられ，研究室には当時としてはまだ珍しいインターネットに接続されたパソコンが置いてありました。"同級生"は，役人，自衛官，商社マン，メーカーの人などとても多彩でした。それまで職場で話をする相手はもちろん銀行員しかいませんし，取引先の人との会話は基本的にはとても形式的なものでした。社会人になって，初めて，多くの職業の人と本音で交流することができました。毎週土曜日の午前と午後の多摩キャンパスでの授業と，平日の夜間に都心のホテルの一室で行われる授業に1コマ出ることで修了単位を取得できました。

　多摩大学大学院は，2年後に無事修了し，次に，博士課程を受験したところ合格し財務会計の研究を続けることを考えました。ところが，私は転勤で銀行の国際部に配置換えとなり，仕事の内容と勉強の内容が異なるという事態となりました。仕事の内容から考えれば，国際取引に関係する勉強を大学院ですべきと考えました。また，博士課程の先輩から研究状況を聞いたところ，修士論文とはレベルが大きく違い，かなり大変そうで，その先輩は教育関係の仕事に就いていましたが，教育関係の博士論文が完成間近ということでした。博士論文については第12章で説明しますが，私はその時に，社会人が博士論文を仕事とあまり関係がない領域で書くのは難しいと感じました。

　そして，多摩大学大学院を修了する数か月ほど前に，たまたま中央大学大学院法学研究科国際企業関係法専攻で社会人コースが新しく開設されることを知りました。この大学院で国際取引法を勉強すれば，銀行の国際部の仕事の役に立つと考え受験し合格しました。中央大学大学院のこのコースは，土曜日と御茶ノ水のサテライトキャンパスに平日1日通学することで，修了単位を取得することができるような制度設計となっていました。再び2年前と同様に，国際部の上司である部長に説明し，人事部に連絡してもらいました。2年前のこともあり，すぐに，「問題ない」というような回答がありました。1997年3月の下旬に多摩大学大学院の修了式があり，簡単なパーティーのようなものがありました。私はそのパーティー会場を開始早々に退出して，八王子の中央大学大学院のキャンパスに向かいました。中央大学大学院の入学関係の説明会に出席

するためでした。まさに，私は，大学院の"ハシゴ"をしたこととなります。休日だったように思いますが，さすがに，銀行員がこのようなことをしていて大丈夫かなと思いました。

　私は銀行の国際部において，すべての海外店のローカルスタッフの教育責任者という立場で，私にぴったりの仕事に就きました。海外店を訪問しスタッフに貿易取引のルールを教えたりすることもあり，中央大学大学院で学んだ国際取引の知識がすぐに役立つこともありました。また国際部の班長クラスの会議で，ある日，国際取引法に議論が及んだ時に，自信をもって話をすることができた時は，とてもうれしく，会議の後で，出席者から，「さっきは弁護士みたいで驚いた」などと言ってくれる人もいました。社会人は給与を会社からもらっている身分であり，週末ないし夜間の授業に出ているだけとはいっても，仕事をしながら，勉強している内容をオフィスで考えることもあり，仕事の内容と大学院で勉強していることが関係していることが，仕事と勉強の両方にとって大事だと私は思います。もし，関係のあまりないことを大学院で研究しても，社会人大学院生でなく，大学卒業と同時に研究者となったような人の研究には遠く及ばないはずです。このことは，博士課程に進んで博士論文を書くようになると，さらに強く感じるようになりました。

　中央大学大学院での修士論文のテーマは，銀行が発行する商業信用状（Letter of Credit）取引における商慣習法に関するものでした。2年で法学研究科修士課程を修了し，同博士課程に合格し，さらに数年間博士課程で，修士論文の内容に磨きをかけて，学内の論文集に成果を発表しました。さらに，指導教授と共著論文を書くことができ，本当の研究者に少しずつ近づくような感覚を覚えました。修士課程と博士課程の関係については，第12章で詳しく説明します。銀行の仕事は国際部でしたが，法務部のように取引法を深く研究する必要のあるようなセクションではなく，私自身も法律の専門家にすぐなれるほどの力量もなく，博士論文を書くまでに至っていませんでした。

　そのような中で，私は現役の銀行員でしたが，突然ベンチャー企業に関与することとなりました。実兄が大学の教授をしていて，バイオの専門家だったことから，その兄と2人で大学の研究成果を事業化するバイオベンチャー（株式会社ゲノム創薬研究所）を起業しました。この会社の内容については，もし興

味があれば，巻末の参考2を読んでください。起業するといっても，私は勤務している銀行の就業規則に触れないようにする必要があります。銀行から給与を得ている立場ですから，ベンチャー企業への関わり合いには制約がありました。創業資金を出すことには問題がありません。また，週末にベンチャー企業経営について，アドバイスすることも問題がありません。この2つに限定した動きに留めました。この活動に，科目免除で取得した税理士資格はかなり役に立ちました。この会社は設立当初は，大学発のベンチャー企業であり，雇用した契約社員が働く場所は大学の研究室で，実体は大学の中にあるような面もあり，私は時々アドバイスをするだけで十分でした。しかしベンチャー企業の経営を軌道に乗せるためには，大学の研究室と共同で行う研究の成果を特許化して事業化するためのノウハウが必要となりました。そこで中央大学大学院で特許法の勉強をし，大学で生まれる研究成果の特許に関する論文を発表しました。私が所属している研究科は国際取引法の研究をするところでしたが，指導教官は黙認してくださり，時々アドバイスも頂きました。もちろん，特許法ですから本来の指導教官はおらず，論文を書くのは大変でした。当時としては未知の領域の研究で，「大学において学生が行った発明の知的財産（特許）はだれに帰属するか」という論文を弁理士協会の機関誌に発表しました。後に，大学の産学連携本部が発行する産学連携の手引書に引用されることとなりました。しかしとても苦労したことから，修士修了レベルの研究者が，指導教官なしに弁理士協会の機関誌のような一流誌に掲載される論文を書くのはとても難しいことを悟りました。

　まだ私は銀行員でしたが，いわゆる肩たたきの年齢となったことから，大学院で勉強した法律の知識を活かせる仕事の紹介を銀行の人事部門に頼みました。法律の論文を発表していたこともあり，すぐに中堅企業である持田商工の法務部長というポジションを得ることができました。私は大学院の勉強と仕事は関係するものを選ぶべきと考えています。それまでは，銀行員として，仕事に関係がある大学院を選んで，勉強を続けていました。今度は，仕事に関係がある大学院を選ぶのとは反対に，大学院の成果で仕事を選んだこととなります。この持田商工という会社は，とてもユニークな技術を持った会社で，私が研究した特許に関する知見を十分に活かすことができました。この会社の特許戦略と，

創業したベンチャーの特許戦略を研究する必要性を強く感じるようになりました。

そんな中，中央大学大学院の社会人コースを見つけた時と同様に，たまたま東京大学大学院工学系研究科修士課程の技術経営（MOT）コースが社会人を募集していることを知り，願書を出したところ合格しました。修士論文を書かないで1年間で修了単位を取得するコースでした。この技術経営（MOT）コースであれば，仕事に必要なノウハウを得ることができると思いました。中央大学大学院で博士論文を書くことは私の能力では時間がかかり，ここは技術経営（MOT）コースに移るべきと考えて，博士論文を書くことを断念しました。中小企業診断士試験に再挑戦することを断念した私にとって，2回目の撤退でした。

少し長くなってしまいましたが，私は多摩大学大学院で銀行業務のために財務会計を，中央大学大学院で銀行業務のために国際取引法を，東京大学大学院で勤務する会社と創業したベンチャーのために技術経営を勉強しました。私は社会人大学院生であり，大学卒業と同時に研究者となったわけではありません。長く研究してきた人のように論文を書くことに慣れていないし，研究成果の蓄積もありません。しかし，仕事に関係する内容については，初めから大学で研究している人にも，引けをとらない自信があります。社会人大学院生は仕事に関係することを研究して初めて，大学院が期待する学生になれると思います。それを無理なく実行するためには，通学することを勤務先に連絡することがとても大事だと思います。

ところで，勤務先に連絡したところ，通学が許されないという場合もあるかもしれません。どう判断するかはケース・バイ・ケースで，その人の置かれている状況で判断するしかありません。私は，勤務先の方針に逆らって無理して通学するよりは，現在の仕事を優先することを基本的にはお勧めします。仕事のために通学するという人がアンケートで見ても大半でした。それなのに，会社の方針に逆らって通学するのは，本末転倒になるのではないでしょうか。むしろこのような場合，第14章で説明する通信制大学で，自分が卒業した学部以外のところに行くというのも選択肢としてあるはずです。通信制の大学は，通信制の大学院ほどスクーリングの負担もないはずです。通信制の大学は，基本

的には通学の必要はほとんどなく，勤務先でも問題にならないはずで，費用も安く，数年間ほどここで勉強し，勤務先の事情が変化するのを待ってはいかがでしょうか。経済，経営系の学部卒業者は，法学部に入学すると良い勉強になり，学歴の書き換えとなる場合もあります。

さて，勤務先との関係で，修学に関する連絡はどうするかという問題以外についても考えてみましょう。

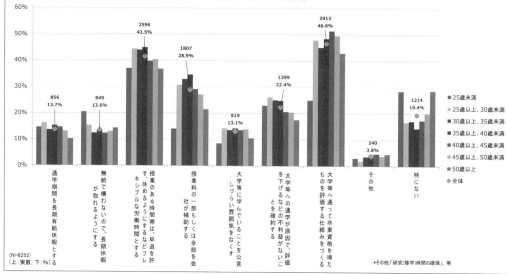

出所：「社会人の大学等における学び直しの実態把握に関する調査研究」報告書3，p.66

社会人学生の職場への希望は，上記グラフのように，「大学等へ通って卒業資格を得たものを評価する仕組みをつくる」，「授業のある時間帯は，早退を許す，休めるようにするなどフレキシブルな労働時間とする」，「授業料の一部もしくは全部を会社が補助する」という回答が上位となっています。

在学中の職場への希望　②「性別」

「フルタイムで働いている」「パートタイム，アルバイトなどで働いている」「身分が保障されたまま休職」と回答した学生の集計結果。
9選択肢中，あてはまるものを3つまで選択

- 男性は女性に比べて，「授業料の一部もしくは全部を会社が補助する」をあげる割合が高い傾向。
- 女性は男性に比べて，「通学期間を長期有給休暇とする」「無給で構わないので，長期休暇が取れるようにする」「授業のある時間帯は，早退を許す，休めるようにするなどフレキシブルな労働時間とする」等をあげる割合が高い傾向。

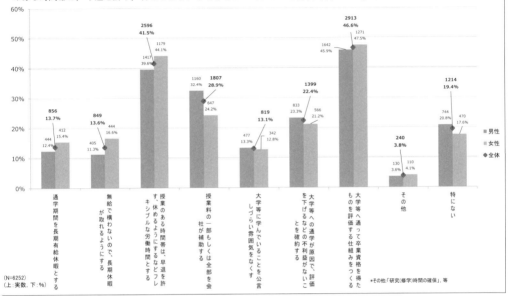

出所：「社会人の大学等における学び直しの実態把握に関する調査研究」報告書3，p.67

　職場への希望の男女差を見ると，上記グラフのように，男性の場合，「授業料の一部もしくは全部を会社が補助する」と回答した人が女性を上回っています。逆に女性の場合，「通学期間を長期有給休暇とする」あるいは「無給で構わないので，長期休暇が取れるようにする」と回答した人が男性を上回っています。

在学中の職場への希望 ③「従事者規模別」

「フルタイムで働いている」「パートタイム，アルバイトなどで働いている」「身分が保障されたまま休職」と回答した学生の集計結果。
9選択肢中，あてはまるものを3つまで選択

● 大規模組織に勤務する者ほど，「授業料の一部もしくは全部を会社が補助する」「大学等への通学が原因で，評価を下げるなどの不利益がないことを確約する」「大学等へ通って卒業資格を得たものを評価する仕組みをつくる」をあげる割合が高くなる傾向。

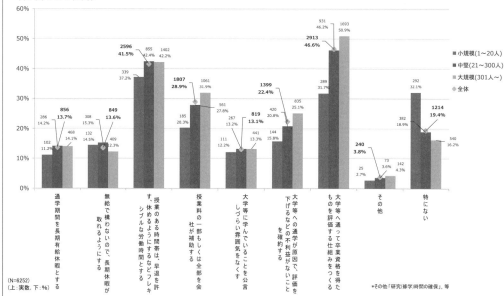

出所：「社会人の大学等における学び直しの実態把握に関する調査研究」報告書3，p.67

　この職場への希望については，所属する会社の規模により差が見られ，大規模な会社の人ほど，「大学等へ通って卒業資格を得たものを評価する仕組みをつくる」，「授業料の一部もしくは全部を会社が補助する」，「大学等への通学が原因で，評価を下げるなどの不利益がないことを確約する」という回答が増える傾向にあります。

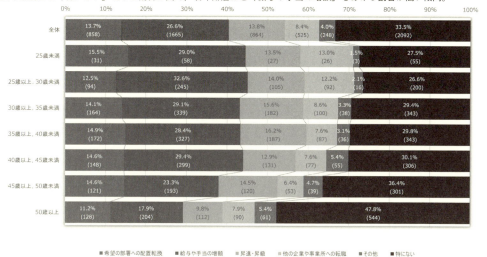

大学等の修了後の処遇に関する職場への希望は、上記グラフのように、年齢別の全体では「給与や手当の増額」が26.6％を占めていますが、年齢が上がるとこの比率は下がり、「特にない」という回答が増える傾向にあります。

第8章

自己啓発のための宅建などの資格取得と修士号取得の比較

● 第1節　私の資格試験との出会い

　ここまでこの本を読み進んでくださった読者の方は，少し驚くかもしれませんが，私は1990年までの合計8年間，アメリカのサンフランシスコとブラジルのサンパウロで住友銀行の海外駐在員として暮らしていました。ほぼバブルの時代と重なっていて，私は日本のバブルをほとんど知りません。海外駐在というと華々しく聞こえるかもしれませんが，私の場合は，アメリカでは帰宅は毎日深夜で，ブラジルではハイパーインフレの中の金融業務ということで，毎日，気の休むことのない日々を送りました。生活環境は勤務する国で大きく変化し，言葉も英語やポルトガル語を使わなければならず，楽しいこともたくさんありましたが，必死で仕事をしなければならない大変な毎日でした。帰国して数年間，本店の国際部で国内店の貿易取引を統括する部門で働いた後，国内の支店の外国課長となりました。外国課といえども国内店ですから，不動産担保などの事務も伴います。この時に私は，自分の銀行員としての知識レベルが同年代の人に比べ大変劣っていることに気づき愕然としました。考えてみるとアメリカでは，見たこともないような英文の書類を作成し，よく聞き取れない英語を少しでも聞き取ろうと努め，またブラジルでは今度は英語すら通じず，慣れないポルトガル語を理解する努力とハイパーインフレによる特別な金融慣行にな

じむ努力を重ねるなどしていました。しかし外国で吸収したこれらの知識は，当然ですが，日本の国内支店では何の役にも立ちませんでした。焦っても仕方がありません。そこで銀行の国内業務の勉強となるような資格試験に挑戦することとしました。1993年に外国課長をしている時に，宅地建物取引士（当時は宅地建物取引主任）の試験に挑戦することとしました。試験勉強を始めたのが試験の5か月前で，自宅のトイレに土地の種類ごとの建ぺい率の表を貼るなどして，それは時間との戦いでした。仕事をしながら勉強をすることはなかなか大変でした。ほとんど独学で，購入した基礎的な本を4冊"食べてしまう"ように読み込んで，重要項目の理解と暗記に注力しました。模擬試験だけは各種学校の大原簿記学校に数回通いました。この時に，自分の日本語を読むスピードが他の受験者に比べ遅いということに気がつきました。周りの人が模擬試験の試験問題のページをめくる音が聞こえてくるのですが，私はそのスピードに少し遅れるのです。長く外地にいて外国語で仕事をしていた影響かもしれません。そして宅建の模擬試験のページ数が多い時は点が悪く，ページ数が少ない時は点が良いというデータが出ました。試験当日は久しぶりの受験ということもあり，手が震えましたが，幸いにもページ数が例年よりも少なく，そのことも私に有利に働き，合格しました。自己採点では合格ラインの最低点でした。宅建試験に合格したことを銀行の上司に報告すると自分が予想していた以上に，上司は慣れない不動産の勉強をしたということで評価してくださいました。自分でも味わったことのないような達成感を感じました。

　宅建に合格すると，次に何に挑戦しようかと考えました。参考となる本もあまりなく，当時は社会人大学院も，まだ一般的ではありませんでした。実は2，3あったことを後に知りましたが，社会人が大学院に通えるという情報に接することはできませんでした。通信教育の大学（卒業した学部以外の学部）とか各種の資格試験を検討した結果，銀行の貸付業務に最も役立ちそうな「中小企業診断士」の試験に挑戦することとしました。毎週末，大原簿記学校に通い，試験科目8科目（旧制度）の勉強を1年弱しました。今度は独学ではなく専門学校に通ったことから，模擬試験では十分に合格ラインに達することができました。当時の試験は現在とは異なり，2日間で8科目の試験をエアコンのない会場で夏場に行いました。初日の試験はかなり順調でしたが，2日目になると

疲労と暑さで，だんだんと集中力が欠けるようになり，8科目目のパン屋の店舗設計に関する問題で大きなミスをしたことに後で気がつきました。試験の結果は不合格でした。当時は1科目でも基準以下の点を取ると全科目で不合格となる制度でした。不合格となると，だれに言うこともできず，大変落胆したことを今でも覚えています。

●第2節　資格試験でわかったこと

　資格試験の結果は運に左右される面があります。また基本的には自宅にて一人で勉強するもので，孤独なものです。不合格となると再挑戦しない限り成果が残りにくいように思います。短期間に暗記するような意味合いが強いためではないでしょうか。短期間で詰め込むと短期間で忘れるように思います。また資格試験は大学などにおける勉強と違い，深く物事を分析したりする力を養うことはできません。また自分の興味がある領域を勉強したり，研究したりすることもできません。過去問がすべてというようなところがあります。
　宅建は資格試験の登竜門といわれていて，すでに勉強したことのある人，勉強を検討している人も多いと思います。毎年19万人前後が受験し，合格率は15％から17％程度で推移しています。しっかり対策を講じて勉強すれば合格するはずですが，意外と落とし穴があって，不動産とは関係のない業界の人にはなかなか難しい試験という面もあると思います。何回も受けている人もいるようです。受験する人の仕事内容などによるのでしょうが，かなり深い部分を理解していないと正解できないような問題もあり，短期間に集中して勉強する必要があるように思えます。
　いずれにしても，宅建などの資格試験で自己啓発を社会人が行うことは，費用もあまりかからず，勉強時間も勤務時間以外の時間帯に行えばよく，スターターとしては取り組みやすいものといえるでしょう。しかし，資格試験を選ぶ時に，各種学校に通う段取りと，確保できる勉強時間などをしっかりと検討して，試験の日までに合格点のレベルまで達成できるのかを見極めることが大事となります。難しそうに感じたら，最初は税理士の試験でなく簿記の試験で試

すなどして，合格を積み上げて自分の「やる気」を落とさない工夫も大事です。

●第3節　資格試験などを途中で止めて撤退する勇気

　私は社会人になって今まで，2回ほど勇気を持って撤退した経験があります。1回は中小企業診断士の試験です。中小企業診断士の試験に再挑戦するかどうかを悩んだ時に，当時はまだ珍しい社会人用の夜間大学院（多摩大学大学院）の存在を知り入学することとしました。大学院は入学が許可されれば，修了することは難しくないように思えます。一方の中小企業診断士は再挑戦しても再度不合格となるリスクがあるように思われました。出題内容による運と暑さで集中力が保てないというリスクです。当時，この試験の場合，エアコンがない会場が多いことから，暑さとの勝負ということが盛んにいわれていました。社会人の場合，学生時代と違って，ものすごく苦労して勉強したものが身につくということもある意味で限定的となり，むしろ家族を含めた周りの人間関係から，結果が求められるという場合が多いはずです。中小企業診断士の試験の結果は，本当に残念でしたが，今考えると，勇気を持って撤退したことは正解であったと思っています。その後，中小企業診断士の資格試験は大学院に養成コースができるなどして，現在は資格取得制度が変化しています。

　そして，もう1回は中央大学大学院博士課程において，博士論文の作成を断念したことです。それは，論文完成までに，私の能力ではかなり時間を要し，自分の仕事との関連性が薄くなってしまったという事情がありました。当時，私はバイオベンチャー企業を創業し，技術経営ないし特許戦略に関する勉強のニーズが高まっていました。そのこともあって，撤退を決意しました。社会人の場合，結果が出るまでの時間と自分の人生における時間軸を意識して行動することが大事だと思っています。博士課程で博士論文を書くのは，特に社会人にとって容易なことではなく，現在の自分にとって今何をすべきかを見極めて，途中であっても勇気を持って撤退することも大事だと考えます。止める判断は自分にしかできないことを意識すべきでしょう。背伸びも時には必要ですが，120％くらいにしておいて，それ以上頑張るよりも，攻め口を変えることを考

えるべきです。

●第４節　資格試験の経験者に大学院への入学を勧める理由

　資格試験に挑戦した人は週末ないし平日の夜勉強する習慣が知らぬ間についているはずです。そのことから，資格試験に合格した人は次に，社会人大学院への入学を検討すべきです。また運悪く不合格となった人も，がむしゃらに再挑戦するのではなく，大学院での勉強を検討すべきです。資格試験は，一発勝負です。試験の当日に重い岩を自分で持ち上げることができるかどうかです。しかし，大学院で修士号を取るということは，少し小さい石を教官や仲間と一緒に積み上げるようなものです。少しずつ努力すれば，積み上げることができるはずです。

　大学院への入学と資格試験による自己啓発を比較すると，次のような長所と短所があると思います。

〈大学院への入学の長所〉

A. 入学の合否が比較的速く判明するので，準備に費やした時間が無駄になりにくい（入学したら，修了することは時間の調整さえできればあまり困難ではない）。

　　反対に資格試験は通常１年以上勉強をした後に結果が判明し，不合格となると，その後の対応が難しい面がある。

B. 修士号と宅建取得（自己啓発）の世間での評価を比較すると，修士号のほうがかなり高いはずである。現在，修士号の評価はかなり高いといえる。もっとも私は税理士資格を持っているが（科目免除制度で取得），修士号と税理士資格の評価を比較すると，あくまで私見ながら税理士資格のほうが高いように感じる。

C. 資格試験の勉強の場合には勉強の領域が決まっているが，大学院においては，自分の興味がある領域の勉強ないし研究を自由に行う機会がかなり増える。そのことから，仕事に役立つ勉強をすることができる。

D. 資格試験の勉強は，原則として独学で行うもので，孤独感があるが，大学院の勉強は，教官の指導を受けることができ，何といっても"同級生"という仲間と一緒に勉強することから，今までにない良い環境となる。仲間は，異なる業界の経験のある社会人であり，勤務している会社内では会うことのできないような新鮮な人物と仕事を離れて自由に話すことができ，生涯の友を得る機会となる。

E. 資格試験の勉強をしていることを周りの人にアピールすることは通常難しいが，大学院への入学は，それ自体を評価される場合も少なくない。ただし，同時に，この点は短所ともなり得る。

F. 大学院にて，教官の指導の下，修士論文を書けば，特定の領域の専門家の入り口に立つことができる。

G. 各種学校に比べると，原則として大学院の設備・図書館はとても綺麗で，快適な時間を過ごすことができる。

〈大学院への入学の短所〉

A. かなりの費用がかかる。

B. 通学時間を確保するために，会社の勤務時間との調整が必要な場合がある。ただし，最近は土曜・日曜のみの通学で修了できる大学院ないし通信制大学院も増えて，この制約が減っている。

C. 勤務先の会社に伝えた場合に，転職希望かなどと誤解される場合がある。このリスクを避けるためという理由に加え，合格率を上げるためにも，大学院での研究テーマを仕事に関係が深く，特に仕事に役立つ内容としておくことが重要となる。

〈資格試験と大学院の修士号取得の難易度の比較〉

　資格にもよるし，大学院にもよるし，受験者にもよるということでしょうが，宅建試験を比較材料とすると次のようなことがいえるように思います。大卒で宅建に合格した人は，自分の仕事との関係が深い事項を研究テーマとして選んで，研究計画書を作成し，難易度の特段高くない大学院の面接に臨めば，だいたい大丈夫なはずです。さらに複数出願すれば，何とかなるように思います。

大卒でない人も，大学院に直接入れる方法があります。第10章にてその方法などを解説します。また宅建試験に不合格でも，何度も挑戦するよりは，社会人大学院の受験をぜひお勧めしたいと考えます。資格試験と異なり，大学院の入学試験は仕事についてどのような問題点を意識し，勉強しようとしているかが問われるもので，その対策をすれば大丈夫です。倍率も宅建のように高くありません。また中小企業診断士試験等の合格者，不合格者も同様です。大学院の授業料は安くはありませんが，資格試験と違って，仲間と一緒に勉強できて，時間さえ調整できれば楽しいところだと思います。

第9章

研究計画書の重要性と書き方

　大学院の入学試験の際に作成する研究計画書の書き方については，詳しい解説書が複数出版されています。それらの中には，個別の大学院ごとに書き方を解説したものもあります。代表的な本を巻末の参考1に挙げたので，参考とすることをお勧めします。書き方の詳細ないしテクニカル的なことは，それらの本を見てもらうこととして，ここでは特に大事と思える点に絞って説明します。

　研究計画書は大学院の入学試験の合否を決めるという意味において重要なものであると同時に，自分の研究の方向性を決める可能性があるという意味でも大事なものです。その意味において，以下を注意深く読んでください。もっとも，専門職大学院ないし修士課程の中小企業診断士コースなど一部の課程においては，研究・勉強の方向性がある程度特定されている場合もあります。それでも論文を書く場合には内容の方向性を決めたり，入学の合否を決めたりするという意味で，重要性は変わりません。

●第1節　研究計画書は入学試験の合否を決める

　大学院の入学試験の合否の基準は，大学の入学試験とはかなり異なっています。大学の入学試験は基本的には科目別の試験があって，その点数によって合否が決まるというもので，ほぼ機械的に決まるものです。しかし，大学院の場合には，そのようなことはまずないと考えてよいと思います。大学院を受験する場合，研究計画書の提出，小論文試験，英語の試験，面接などを行う大学院

が多いはずです。採点のウェートは公表されていませんが，一般的に，研究計画書と面接のウェートがかなり高いと考えられます。社会人大学院の場合は，それらのウェートが一層高まるといえます。

　大学院とは，原則として学生が自ら研究するところで，論文を書くところです。教員は，その研究活動ないし論文作成を指導する立場となります。そのことから，大学院としては，決められたテーマの論文が期間内に書ける人の入学を希望することとなります。よって，入学試験において小論文を課すのは，論文を書くための論理的な思考ができるかを判断するもので，英語の試験は論文作成のために英語の文献を読むことができるかを判断するものです。論文作成において，英語の文献を読む必要があまりないようなテーマもあり，英語能力は論文作成に必須とはいえません。よって英語の試験のウェートは低いこととなります。つまり大学院に入って，何を研究するのか。研究テーマと自分のキャリアとの関係はどのようになっているか。そして，テーマを論理的に論じることができるか。これらの条件が揃っていることが社会人大学院では大事です。そのことから，繰り返しになりますが，研究計画書と面接が大事だということになります。面接は，計画書に書かれていることは本当に本人が考えたことなのかを確認するという意味合いもあります。

●第2節　研究計画書は研究の方向性を決める

　修士課程を修了すると修士号を取得し，指導教授などの薦めなどにより学会に入会する人も多いはずです。これらのことは，ある分野の専門家の入り口に立つことを意味します。どの分野になるかは修士論文の内容によります。入学する前に作成する研究計画書と異なる内容の論文を書くことも可能ではありますが，まったく方向の違う研究をする人はあまりいないはずです。よって入学前に考えて書いた研究計画書が，その後の研究の方向性をある程度決めることとなります。

　大学院の入学案内には，研究が可能な領域が書かれていたり，大学院として期待する学生像が明記されていたりします。どのような研究ができるのか，あ

るいはどのような学生の入学を期待しているかをまず確実に把握することが重要です。この点を誤解して，研究対象とならないような研究計画書を作成すると，その内容がとても立派なものであっても，また社会人として立派なキャリアを持っていても合格しないということとなってしまいます。修士課程へ入学を希望する段階では，まだ複数の研究領域のイメージを持っている人が多いはずです。そのことから，大学院が作成した入学案内をよく確認して，研究が可能な領域の中から，自分が研究してみたいテーマを見つける作業をしなければなりません。もっとも，この作業はそれほど困難ではなく，研究可能な領域はあまり限定されずに，例えば経営学系の大学院であれば，会計学，マーケティング，組織論などを含んだ経営学などと，かなり幅広になっているはずです。経営学の中の領域であれば，原則として問題ないはずです。しかし，会社の人事部に現に勤務している人が組織論の中の特定の領域を研究しようと考えても，その大学院の教官に組織論を研究している人があまりいないような場合は注意しないと，そのようなテーマの論文は指導できないということで，合格しにくいこととなってしまいます。よって，仕事との関係から，研究テーマが具体的に決まっているような場合は，その領域の教官が受験しようとする大学院にいることを確認しておく必要があります。

●第3節　面接と研究計画書の関係

　面接では，研究計画書に書かれている領域に詳しい教官が複数出てくると考えてください。仕事との関連がなく，本を読んで考えたテーマですと，研究テーマとして説得力のある説明はなかなかできないはずです。本を多く読んで勉強しても，永年研究をしている教官から見ると底の浅い説明となってしまいます。
　ところが，会社などの現場で生じている問題点に関しては，逆に，大学の教官はほとんど経験がなく，説明に興味を示すはずです。そうすると後は，自分のやる気をしっかりと説明できれば，それで十分なくらいです。やる気を説明するとは，面接で力強く「がんばります」と発言することではありません。関

連する本やできれば先行研究を勉強して，教官の質問に対して，勉強していることを示すことです。しかし先行研究を調査して，理論的な考察がすでにある程度できることまでは入学前には期待されていません。繰り返しになりますが，社会人大学院生に期待されていることは，実社会で生じている問題点を大学院が扱っている研究領域のテーマとして大学院に持ち込んで，2年間で論文として完成させることです。次に期待されていることは，英語などの学力よりも「やる気」です。

●第4節　具体的な作業手順

入学を検討する大学院の研究領域が，例えば，経営学全般となっていて，自分が研究しようと考えている領域と概ね一致しているという場合は次のような作業をすることをお勧めします。

A. 会社でのキャリアの棚卸

社会人として行ってきた仕事の内容で研究対象となりそうなものを書き出してみることです。これは社会人としてのキャリアの棚卸となり，この作業自体に価値があります。例えば，決算事務，取引先の与信管理，在庫管理，輸送管理，商品のマーケティング，売上目標の管理，市場調査，広告効果の測定，人事管理，組織のあり方，等です。

B. ケーススタディが望ましい

テーマを決める場合に，理想的なリーダー像というような抽象的なものではなく，会社ごとの人事管理方法というようなケーススタディが論文として書きやすく，使える具体例ないし使えるデータが入手できれば理想的です。手元のデータでも公表できないものは当然使えません。

C. 利用できるデータの検討

テーマを考えて，入手できて使えるデータは何かを検討するよりも，まず入

手できて使えるデータは何かを考えて，次に，それにもとづいたテーマは何かを考えたほうが，良い論文のテーマを決めることができるはずです。使えるデータが，現状ではまったくないような場合も多いので，その場合は，自分の経験の中からテーマを見つけるということとなります。

D. 日常業務の中に研究テーマがあるはず

日頃，会社では問題意識を特に持たずに仕事をやっているようなことも多いと思います。しかし，この日頃の作業の中に，改善の余地がないのかと思ったこともあるはずです。その中から，簡単ではないが研究してみて価値がありそうなものを探すことです。

E. 見つけたテーマの検討

見つけたテーマがどのような研究となるか，面接でどのように説明するかを検討することです。うまく説明ができそうで，その領域であれば自分も詳しいというような内容が見つかれば，それを計画書に書いてみるという作業を行うことです。うまくいかなければ，再度テーマを考え直すことを繰り返すこととなります。

F. 研究テーマの研究期間

テーマは抽象的なものを避け，ケーススタディのような具体的な課題が良いというのは，研究期間との関係もあります。修士課程は原則2年間であり，論文を書き始めるのは1年目の後半以降とすると，実質的には1年と少々ということになります。そうすると，はじめから着地がある程度見えないと困ります。よって，テーマは具体的で，かなり絞り込んだものとする必要があります。

G. 先行研究

研究テーマが見つかったら，必ずその領域の本などを読んで，現在までにどのような研究がなされているかを確認してください。面接で，先行研究として聞かれることになります。先行研究では，考えたテーマを分析・解決するには不十分な点があるはずで，その点を見つけることができれば，研究の道筋が見

えてきたことになります。

　ここで注意しておかなければならないのは，先行研究を先に勉強して，その先行研究にもとづいて，抽象的なテーマを考えることは避けるべきだということです。陥りやすい間違いは，まず本を読んでテーマを見つけようとすることです。本を読むことは構いませんが，本の中からテーマを見つけるのではなく，本を読んで，その内容を参考として自分の仕事を見直すことが大事です。社会人大学院の場合，社会人が会社勤務の中から研究テーマを見つけて，大学院で研究することを大学院は期待しています。

H. 研究テーマ検討のタイミング

　受験する大学院をまず見つけて，提出書類に研究計画書があるので，次に研究テーマを考えるという人も多いはずです。しかし，本来は，職業人として，会社で業務に携わり，その業務を実行するために解決したい問題があり，その問題解決の手段として，大学院で研究するという順番のはずです。よって，そのような意識を常に持って計画書を作成して，面接に臨むことをお勧めします。

I. 完成した研究計画書のチェック

　書いた計画書をだれかに読んでもらうことをお勧めします。卒業した大学に久しぶりに行って，ゼミなどの先生に会って計画書を見てもらうのもよいと思います。そうすると，質問を受けるはずです。先生の質問に対して回答することが，大学院の面接の予行練習になります。

　また，卒業した大学のゼミについて面接で質問されることがあるので，卒業後にゼミの先生とコンタクトを保つのも大事なことです。卒業して母校に一度も行かず，公共の図書館にも一度も行かないような人は，そもそも大学院に向かない人だと思われてしまいます。

第10章

大学を卒業していない人のための対策

　大学院は大学を卒業した人が入学することが原則となっていますが，短大卒などの人でも入れる場合があります。どのような場合に，そのような適用が受けられるのか，またそのようにして入学した場合の問題点などをここで解説します。

●第1節　大学院に入るための条件

　文部科学省のホームページによると，次のように記載されています（参照 http://www.mext.go.jp/a_menu/koutou/shikaku/07111316.htm）。

　「修士課程・博士課程（前期）の入学資格は以下のいずれかに該当する方に認められます。
1．大学を卒業した者（法第102条）
2．大学改革支援・学位授与機構により学士の学位を授与された者（法施行規則第155条第1項第1号）
3．外国において，学校教育における16年（医学，歯学，薬学又は獣医学を履修する博士課程への入学については18年）の課程を修了した者（法施行規則第155条第1項第2号）

4．外国の学校が行う通信教育を我が国において履修することにより当該国の16年（医学，歯学，薬学又は獣医学を履修する博士課程への入学については18年）の課程を修了した者（法施行規則第155条第1項第3号）
5．我が国において，外国の大学相当として指定した外国の学校の課程（文部科学大臣指定外国大学日本校）を修了した者（法施行規則第155条第1項第4号）
6．外国の大学等において，修業年限が3年以上（医学，歯学，薬学又は獣医学を履修する博士課程への入学については5年）の課程を修了することにより，学士の学位に相当する学位を授与された者（法施行規則第155条第1項第4号の2）
7．指定された専修学校の専門課程（文部科学大臣指定専修学校専門課程一覧）を修了した者（法施行規則第155条第1項第5号）
8．旧制学校等を修了した者（昭和28年文部省告示第5号第1号～第4号，昭和30年文部省告示第39号第1号）
9．防衛大学校，海上保安大学校，気象大学校など，各省大学校を修了した者（昭和28年文部省告示第5号第5号～第12号，昭和30年文部省告示第39号第2号）
10．大学院において個別の入学資格審査により認めた22歳以上の者（法施行規則第155条第1項第8号）

(法：学校教育法)

　この「10．大学院において個別の入学資格審査により認めた22歳以上の者（法施行規則第155条第1項第8号）」を，最近は各大学院の裁量でかなり積極的に運用して，該当する学生を受け入れています。具体的には，短大卒業者，専門学校卒業者，大学中退者などです。大学を卒業していなくても，企業，官公庁などで専門的な仕事に従事している人，あるいは研究部門で研究活動をしている人などを中心に大学院で受け入れており，大学院の募集要項の出願資格の欄に「本大学院において，大学を卒業した者と同等以上の学力を有すると認めた者」と書かれている場合が多くあります。よって，大学を卒業していなくとも，同等以上と考えられる場合は，その記載を確認して，大学院に提出する

研究計画書に，大学を卒業した者以上の学力と分析力を有していることを適切に書くことができれば，合格する可能性はかなり出てきます。この場合には，特に研究計画書の重要性が増すので，慎重に書くべきです。

●第2節　大学を卒業していない人が大学院に入学した場合の問題点

　大学でちゃんと勉強せずに卒業してしまう人も現実には多く，大学を卒業していなくても大学を卒業した人以上の学力を有している人は大勢いると思います。大学を卒業したかどうかにかかわらず，大学などでレポートや論文をしっかりと書いていない人は，大学院でレポートや，特に修士論文を書くのにとても苦労するはずです。過去に大学院において，大学を卒業せずに，上記の例外規定（法施行規則第155条第1項第8号）を利用して入学して，大学院のレポートが書けずにとても苦労している人を私は何人か見ています。大学を卒業していないという事情は，大学院で"同級生"にも相談できず，教室で気の毒なほど小さくなっていました。途中から姿が見えなくなり，退学してしまったのかもしれません。現在，大学院の入学倍率はあまり高くないので，そのようなことがしばしば起こっているはずです。よって，レポートなど書いた経験がない人は，例外規定を安易に利用して，必要以上に背伸びをして大学院に入学するよりも，まず大学を次に記載する方法などでスピーディーに卒業することをお勧めします。

●第3節　大学を卒業していない人が大学院を目指すためにお勧めの方法～大学の通信教育の利用～

　学位授与機構で学士の学位を取得するなどにより，大学院入学資格を取得する方法があります。しかし，この方法が使える人は，例外規定の適用を受けて，大学院に入学すればよいはずです。
　ここで対象となっている人は，大学卒業者と同等レベル（特にレポート作成の経験）に達していない人です。短大卒業者，専門学校卒業者，大学中退者は，

原則として大学の編入制度を利用して、2年次、ないし3年次に入学することができます。勤務しながら夜間大学に通うという手もありますが、費用を考えると、大学の通信教育制度の利用が大変お勧めです。私は通信教育を利用して、中央大学の法学部の3年次に編入して、2年間で卒業しました。とても良い勉強になりましたが、通学制の大学と比べるとやや孤独感があります。レポートをしっかり書かないと単位がもらえません。多くの大学が通信教育の制度を設けていますが、特に、慶應義塾大学と中央大学の通信制を短期間で卒業することは、社会人の場合、容易ではありません。また、早稲田大学はタイプが異なっています（eスクール）。

　大学の通信教育は、慶應義塾大学と中央大学、早稲田大学を除けば、短期間で卒業することもそれほど難しくないので、この方法で大学を卒業して、大学院を目指すことを検討するとよいと思います。学費はスクーリングの費用を除くと、年間20万円以下で、大学院や通学制の大学と比べるとかなり安く勉強できます。通信制大学は通学制学部の先生が概ね兼務していて、通学制の学部とレベルは同等です。卒業証書も通学制の学部とまったく同じものが発行されます。中央大学の大学院では、通学制の学生よりも勉強熱心ということもあり、通信制の法学部卒業生はとても評価されているようです。通信制大学の良さは、世間であまり知られていませんが、とてもお得な制度なのです。

　なお、いずれの大学も入学試験はなく、書類審査のみで入学が許可されます。私見ですが、入学後の単位取得が入学試験の代わりとなります。通信制大学の詳細については、第14章で説明します。

第11章

社会人大学院の今後の動向

　社会人大学院は社会人にとって，基本的には勤務時間外に勉強ができたり，学歴を書き換えたりでき，いろいろな利用方法があります。それにもかかわらず，入学試験の倍率はあまり高くなく，私は受験を検討することを読者の皆様にお勧めしています。そのような素晴らしい状況が今後どのようになるのか，ここで少し確認しましょう。文部科学省が公表した前出のアンケートの調査結果を見てみましょう。

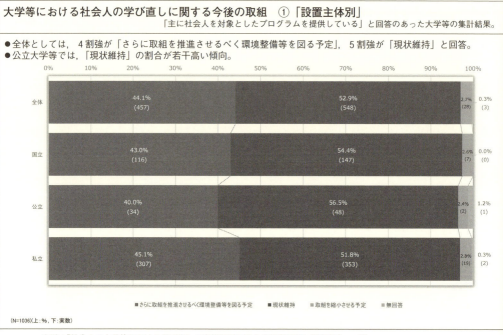

　上記グラフのように，全体として，44.1％が「さらに取組を推進させるべく環境整備等を図る予定」と回答し，52.9％が「現状維持」と回答しています。取組を推進する大学院などがかなりあるのに対し，縮小させると回答した大学院などはとても限定的です。私立は特に取組に積極的なことがわかります。

第11章 社会人大学院の今後の動向

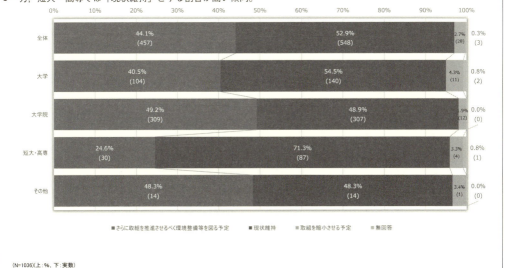

出所:「社会人の大学等における学び直しの実態把握に関する調査研究」報告書3,p.23

　学校の種別で見ると,上記グラフのように,大学院が最も取組に積極的なことがわかります。これは何を意味するのでしょうか。私は大学院などに通学を希望する社会人がよほど急増しない限り,社会人にとって入学しやすい状況が続くように思います。

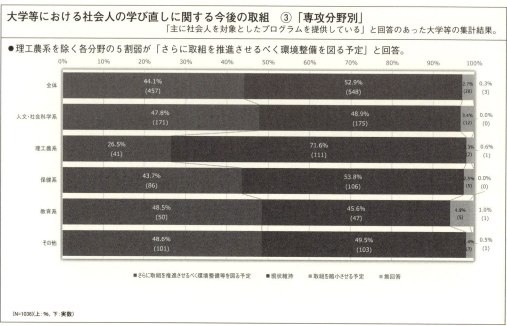

出所：「社会人の大学等における学び直しの実態把握に関する調査研究」報告書3, p.23

　大学院などの専攻別で見ると，上記グラフのように，特に教育系，人文・社会科学系，保健系で，この傾向が強いことがわかります。一方で，理工農系は「現状維持」が71.6％と多く，「さらに取組を推進させるべく環境整備等を図る予定」は26.5％に留まっています。

第11章　社会人大学院の今後の動向　93

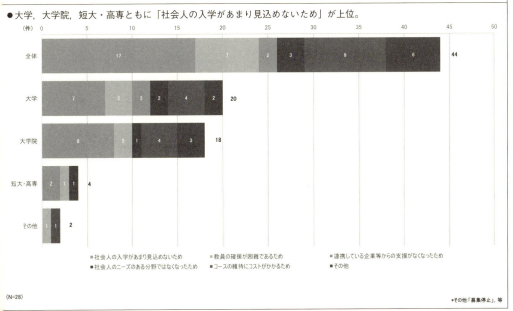

出所：「社会人の大学等における学び直しの実態把握に関する調査研究」報告書3，p.24

　上記グラフのように，取組を縮小するという方針の大学院なども限定的ですが存在します。その原因は「社会人の入学があまり見込めないため」となっています。

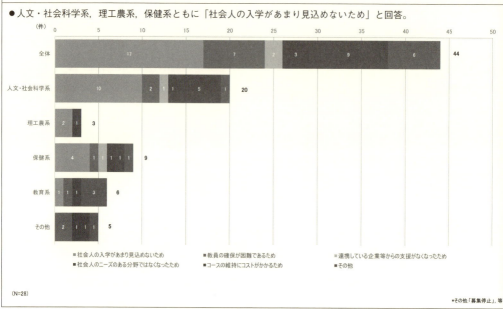

出所:「社会人の大学等における学び直しの実態把握に関する調査研究」報告書3, p.25

　縮小させると回答した大学などの理由を見るといずれの専攻分野においても「社会人の入学があまり見込めないため」が最も多くなっています。

第11章　社会人大学院の今後の動向　95

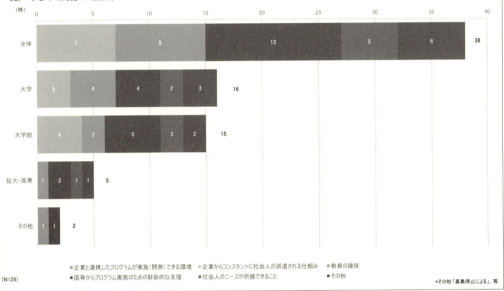

出所:「社会人の大学等における学び直しの実態把握に関する調査研究」報告書3, p.26

　取組を継続や拡大する条件として，大学院の場合は「国等からプログラム実施のための財政的な支援」ないし「企業と連携したプログラムが実施（開発）できる環境」と回答するところが多かったことがわかります。
　いずれにしても，私立の大学院を中心に社会人対象のコースを充実する予定と回答したところが多く，大学院を検討する社会人にとってはありがたいことだと思われます。現在の好ましい状況はしばらく続くと思えるので，社会人は必要以上に急ぐことなく，勤務している会社との関係を良好に保つことに配慮して，大学院を選択することができるはずです。

第12章

社会人にとっての博士課程と博士論文

●第1節　博士課程に入学するということ
　　　　～私の場合を事例として～

　私は，いくつかの社会人大学院の修士課程と博士課程を修了（含む修了単位取得）しました。この経験の中で，どこの博士課程に行くかについてかなり悩んだ時期があります。実は私は，入学した中央大学大学院博士課程，千葉商科大学大学院博士課程以外にも博士課程に2回合格し，入学を検討しました。つまり4回合格しています。まず初めは，多摩大学大学院博士課程でした。同大学院の修士課程で財務会計を勉強したことから，財務会計で博士論文を書くことを検討しました。しかし，職場が銀行の国際部に替わったことから，財務会計は仕事との関係がほとんどなくなり，止めたほうがよいと判断しました。そして，国際部の仕事に役立つ国際取引法の勉強ができる中央大学大学院の法学研究科修士課程に入学しました。修士課程を修了した時に，企業を会計と法律の両面から研究できる研究科が横浜国立大学大学院博士課程にあることを知り，受験し合格しました。なかなか雰囲気の良い大学院でしたが，自宅からとても遠いことから，物理的に厳しいと感じました。特に最寄駅からかなり遠い場所にあり，図書館の開館時間が限定的であるといった問題がありました。そのため，同時に合格した中央大学大学院博士課程で国際取引法の研究を続けることとしました。国際取引法の論文（「国際訴訟における援用可能統一規則」2001

年2月，中央大学大学院法学研究科研究年報に掲載，あるいは「国際開発金融機関の貸付協定の『準拠法』条項について」2003年6月，比較法雑誌に掲載，各論文の概要は巻末の参考3・研究業績表参照）を書いている時にベンチャー企業の設立（2000年12月）に関わり，自分の最大の関心事が，少しずつ，"ベンチャー企業の技術経営"に移ってしまいました。そして大学の技術をいかにすれば合理的にベンチャー企業に移転できるのかという論文（「新しい産学共同研究モデルによるゲノム創薬事業の試み」2002年1月臨床薬理誌に掲載）を発表しました。さらに大学と企業が行う産学連携事業に関係の深い，大学生の行った発明の知的財産の帰属をテーマにした論文（「学生の発明と特許権に関する一考察」2003年10月パテント誌に掲載）を書きました。この論文は苦労して独力で書いたものですが，東京大学の産学連携手引書に引用されました。このように少しずつ，国際取引法の研究に興味が薄れ，当時の指導教授にはご迷惑をおかけしましたが，国際取引法で博士論文を書くことを断念しました。そして，東京大学大学院工学系研究科修士課程技術経営（MOT）コースに入学しました。

　要するに，博士課程に入学して，研究してきた成果を博士論文に仕上げるためには，社会人大学院生の場合，会社の研究部門などで研究して論文を書いて論文博士（通学せずに論文を独力で書いて大学に提出するもので，日本独自の制度）を取るなどの人を除いて，A．少なくとも週に1回程度は通学できる場所に存在する大学院であること，B．勤務する会社の仕事と関連するテーマの研究ができる研究科に入ること，C．修士課程などですでに研究をした領域であること，D．良い指導教官に出会えること，という条件がそろった大学院に入学することが大事だと私は思います。

　ところで，起業したベンチャー企業（株式会社ゲノム創薬研究所）は，順調に成長し，2005年には大手のベンチャーキャピタルが出資をするまでになっていました。週末のアドバイスだけでは不十分ということで，脱サラをして，同ベンチャー企業のアントレプレナー（経営者）となりました。当時はまだ，大学発のベンチャー企業が少なく，大学で生まれた技術をベンチャー企業に移転する方法は確立されておらず，慎重に技術移転などを行う必要がありました。認知された正しい方法というものがなかったために，技術移転を行う方法を学

会で発表したり，論文として発表することで関係者に間接的に認知してもらうという方法を取りました。前記の論文（「新しい産学共同研究モデルによるゲノム創薬事業の試み」2002年1月臨床薬理誌に掲載）がまさにそれです。創業した企業が行おうとしている研究モデルを学会で発表し，さらに論文として公表しました。つまり机上の論理のための論文ではありませんでした。自分が創業したベンチャー企業の経営を順調に進めるための方法論を認知してもらうのが目的の論文でした。研究のための論文ではなく，経営のための論文です。

　このように，私の場合，仕事と研究が一体となっていました。このような状態にあった2006年1月頃たまたま，千葉商科大学大学院博士課程政策研究科で社会人を募集している新聞広告が目にとまりました。電車の中で新聞を読んでいたので，すぐに電車を降りて，ベンチャー企業経営を専門としている教授が研究科にいるかどうかを事務局に問い合わせ，数名いるという回答を得たのを覚えています。受験したところ合格したので，毎週土曜日に通学し，早速博士論文の構想を練りました。すでにベンチャー企業に関する論文を2本書いていましたが，博士論文のテーマはすぐには決めることができませんでした。この大学院の博士課程は，中央大学大学院の博士課程とはかなり異なっていました。中央大学大学院では，基本的には院生が決めたテーマにもとづいて論文を書いていくという昔からのスタイルを取っていて，論文指導は，教授1名院生1名の個別指導です。他の院生がどうしているのかはわかりにくいような状況でした。ところが，千葉商科大学大学院は，グループで議論しながら論文のテーマを検討したり，論文の構想を検討したりして，作業を進めるという形式となっています。はじめは随分と違ったやり方をしていることに戸惑いました。先輩の院生が自身の研究テーマについて研究状況などを発表すると，複数の教授や他の院生がコメントを加えるというやり方です。ほとんどの場合，欠点を批判され叩かれるというようなものでした。私の場合，大学発のベンチャー企業の経営については，かなりの知見をすでに有していましたが，その知見を博士論文に仕上げるとなると別問題で，やはり叩かれていました。この博士課程は，慶應義塾大学の元教授（藤沢キャンパスの開設に尽力）で，経済学者として著名な加藤寛先生が学長として尽力し開設されたもので，社会人が博士論文を書けるような工夫がなされていました。例えば，論文ないし研究ノート2本・学

会発表1回を行った上で研究発表をすると審査を経て"博士キャンディデート"という身分となり，博士論文の仕上げを行う次の段階に進むというものです。少しずつ階段を登ればよいというような仕組みになっています。社会人大学院生は，研究歴も短く，本当の研究者（大学卒業後すぐ研究者を目指した人）ではない面もあり，この制度はとてもよくできていると感じました。

　私は土曜の午後に議論するグループの1つに参加し，議論して批判される過程で，自分が経営している"ベンチャー企業の特許戦略"をどうすべきかに日々悩み，日本には文献がまったくないことに気づき，この"ベンチャー企業の特許戦略"をそのまま博士論文のテーマとしました。そして，ベンチャー企業の特許戦略の本がアメリカで複数出版されていることから，この本を抄訳して，研究ノートとして発表することから開始しました。論文のテーマが決まり，この研究ノートを書き始めた時に，論文の指導を参加していたグループには所属していなかった小倉信次教授にお願いしました。小倉教授は中小企業を研究領域の1つとされていたので，指導していただきたいと考えました。本当はそのようなことをそっと教えてくれた仲間がいたのです。小倉先生は人気がありすでに多くの院生を指導していたことから，お受けいただいた時には，ほっとしたことをよく覚えています。会社では，馬の合わない上司でも数年すれば転勤となるので，がまんすればなんとかなります。しかし，博士課程の指導教官に恵まれるかどうかは，会社の上司とはかなり異質の関係にあります。多くの社会人大学院生にとって，指導教官に恵まれるかどうかで，博士論文が書けるかどうかが決まると言っても決して言い過ぎではありません。そのようにして，3年ほどで博士論文を書き上げることができました。論文の内容については，巻末の参考4・博士論文要旨を参照してください。一般に博士論文を書いた後も指導教授とは師弟関係が続き，教授にはいろいろと指導していただくことになります。私の場合は，5年ほど前に小倉教授より聖学院大学の非常勤講師のポジションを紹介していただき，現在もその職にあって，「ベンチャー論」の講義を行っています。

●第2節　社会人のための博士論文の書き方

　私は目下，千葉商科大学大学院の博士課程の出身グループの議論に毎週参加し，社会人大学院生の先輩の立場から，論文についてアドバイスをしています。院生の中には，なかなかテーマが決まらない人も多いのが現実です。
　私は博士論文を書くために次のようなアドバイスをしています。

A. 仕事上の問題解決を論文テーマにするなど，仕事と関係のあるものから選択すべき。
B. 仕事の関係で手に入る情報，自分にしか手に入らない情報など，入手可能な情報が何かを意識するべき。論文構想がよくても裏付けとなるデータが入手できない場合がある。入手できるデータを確認して，そこからテーマなどを構想すべき。
C. いきなり主論文を書くよりも，小論文ないし研究ノートを書いて，手を動かすことが大事。
D. 小論文を書くにあたり，複数の論文を書き終えた時に，それらの論文が集合して，大きな建物が建つ（博士論文の完成）ように意識をすべき。
E. 複数の人の意見を聞きすぎると，結局前に進めないような事態に陥る。どこかのタイミングで，指導教官を絞るべき。そして異なる意見を言う人に対して，反論する自信を持つことが大事。
F. 博士論文を完成できずに退学する場合もあり得る。その場合でも小論文を発表していれば，その論文が研究業績として残るので，何か実績を残すように行動すべき。

　上記の中で，最も大事で多くの院生が理解しにくいのが，小論文を書いて大きな建物を建てるという部分でしょう。大きなテーマを考えて，その大テーマに沿って小テーマの論文を複数書くということです。

第13章

社会人大学院の実例

　ここでいくつかの社会人大学院を個別に取り上げて紹介します。各大学院の特徴に加え，私が現役の院生・修了生にインタビューした際（2016年11月〜2017年1月）の各人の入学の目的，会社との関係，仕事と学業の両立状況，研究・勉強の内容などに関する回答内容を書きます。読者の皆様の参考となるはずです。

●千葉商科大学大学院

ホームページ：http://www.cuc.ac.jp/dpt_grad_sch/
住所：千葉県市川市国府台1-3-1

■千葉商科大学大学院 修士課程中小企業診断士養成コース

〈特徴〉
① 大学院の3研究科（商学研究科，経済学研究科，政策情報学研究科）共通で設置されたコースである。
② 中小企業診断士第1次試験合格者が入学対象者となっており，本コースを修了することで国家資格である中小企業診断士の登録資格（第2次試験と実務補習が免除）を取得できる。
③ 大学院修士課程のカリキュラムと連動していることから，学位取得に必要

な要件を満たした上で本コースを修了すると，修士号も同時に取得できる。
④　商学研究科ないし経済学研究科に在籍し，修士論文の内容と修得単位によっては税理士試験の一部科目免除も（国税審議会の認定により）可能となる。
⑤　土曜，日曜中心のカリキュラムとなっていて，働きながら学ぶことができる。

〈修了生〉

氏名：魚路剛司さん
年齢：58歳
コース：商学研究科（中小企業診断士養成コース）
入学時期：2010年春期

学歴：私立大学（経営学部）卒業
勤務先：株式会社京葉銀行 成長戦略推進部
入学目的：中小企業診断士の資格取得
当大学院を選んだ理由：勤務先の地元の大学院であり，中小企業診断士養成コースを有していたこと。
会社との関係：同コースが勤務先の人事制度に選定されていた。
仕事との両立：授業が土曜，日曜であったため両立に支障はなかった。
研究テーマ：「中小企業の事業再生に関する研究」
履修科目：経営診断Ⅰ，経営診断Ⅱ（経営管理），経営診断Ⅱ（財務・情報戦略），経営診断Ⅱ（コンサルティング・コミュニケーション），経営診断Ⅱ（製造業実習），経営診断Ⅱ（流通業実習），経営診断Ⅱ（総合経営），経営診断Ⅱ（総合コンサルティング），経営診断Ⅱ（経営戦略策定実習Ⅰ），経営診断Ⅱ（経営戦略策定実習Ⅱ），経営診断Ⅱ（経営総合ソリューション実習），知識確認プレ講座，中間インターンシップ，複合プログラム，「つながり力」育成科目
勉強時間：土曜，日曜は2年間概ね9時～18時で終日受講。自宅で週平均7時間程

度予復習。経営診断（実習）期間の各1か月間は週15時間程度の学習時間となった。

〈修了生〉

氏名：青木靖喜さん
年齢：60歳
コース：商学研究科（中小企業診断士養成コース）
入学時期：2014年春期

学歴：関西大学経済学部卒業
勤務先：日本通運株式会社
入学目的：中小企業診断士の資格取得
当大学院を選んだ理由：
① 中小企業診断士養成コースを有していたこと。
② 同時に修士号を取得できること。
③ 実習期間を除き週末の通学のみで修了できること。
④ 専用デスク・パソコンなど施設が整っていること。

会社との関係：週末のみの通学で勤務に問題ないことから、入学を勤務先に連絡した。
仕事との両立：授業が土曜、日曜であったため両立に支障なく、むしろ頭のリフレッシュに役立った。
研究テーマ：「中山間地域の6次産業化とクラスターによる地域ターンアラウンドに向けた一考察　～ワイン・クラスターを中心として～」
研究計画書をどのように書いたか：物流関係の職務経験よりテーマを探して書いた。
研究テーマと仕事の関係：入学前は職務経験に直結したテーマで、物流から中小企業に及ぼすTPPの影響をテーマに検討した。大学院での講義が進む中で地域活性の重要性を感じ、最終的には中小企業診断士としての活動に関係し、指導教授の研究領域に近いテーマで修士論文を書いた。
履修科目：経営診断Ⅰ，経営診断Ⅱ（経営管理），経営診断Ⅱ（財務・情報戦略），経営診断Ⅱ（コンサルティング・コミュニケーション），経営診断Ⅱ（製造業実習），

経営診断Ⅱ（流通業実習），経営診断Ⅱ（総合経営），経営診断Ⅱ（総合コンサルティング），経営診断Ⅱ（経営戦略策定実習Ⅰ），経営診断Ⅱ（経営戦略策定実習Ⅱ），経営診断Ⅱ（経営総合ソリューション実習）など

勉強時間：土曜，日曜は2年間概ね9時〜18時で終日受講。平日は自宅で平均30分／日の予復習。経営診断（実習）期間に5日間の有給休暇を取得した。2年次の後半は修士論文執筆のため，平日2時間程度費やした。

■千葉商科大学大学院 会計ファイナンス研究科（専門職学位課程）

〈特徴〉

① マルチディグリープログラムを利用すると最短3年で2つの修士号を取得することができる。このプログラムにより，税理士試験の両分野（税法・会計）の一部科目免除制度を利用することが（国税審議会の認定により）可能となる。

② 所定の科目の単位を修得し学位を得ることにより，公認会計士試験短答式試験科目のうち，企業法を除く3科目の免除申請ができる。また日本公認会計士協会の実務補習の単位として認定される科目がある。

③ 社会人に対応したカリキュラムで，土曜，日曜のみの通学で修了が可能。一部の授業は平日夜に丸の内サテライトキャンパスで開講している。

〈院生（現役）〉

氏名：Hさん
年齢：40歳代
コース：会計ファイナンス研究科（専門職学位課程）
入学時期：2016年度春期

学歴：関西の国公立文科系大学卒業
勤務先：民間企業の財務部門（管理職）

入学目的：税理士，公認会計士の試験科目免除

当大学院を選んだ理由：
①　税理士，公認会計士の試験科目免除。
②　通学可能な立地条件（含むサテライトキャンパス利用）。

会社との関係：週末中心の通学で勤務に問題ないことから，入学を勤務先に連絡した。

仕事との両立：授業が土曜，日曜中心で両立に支障ない。

研究テーマ：仕事に直結する内容

研究計画書をどのように書いたか：作成不要であった。

研究テーマと仕事の関係：民間企業の財務部門に勤務しており，仕事に役に立つテーマを検討中。

履修科目：会計原理，財務会計論Ⅰ・Ⅱ，国際財務報告基準Ⅰ・Ⅱ，管理会計論，原価計算Ⅰ・Ⅱ，監査論Ⅰ・Ⅱ，会計職業倫理，租税法Ⅰ，商法・会社法Ⅰ・Ⅱ，ファイナンス，ライフプラン，経営学，企業倫理

勉強時間：土曜，日曜は概ね9時〜18時で終日受講。平日のうち2日はサテライトキャンパスにて，夜間に2コマ受講。

■千葉商科大学大学院 政策研究科（博士課程）

〈特徴〉

①　履修が必要な授業，演習がすべて土曜日に行われている。
②　入学当初の第1セメスターにおいて各院生にアドバイザーとなる教員をおき，第2セメスター以降，博士論文作成指導案にもとづいて教員をナヴィゲーターとして配置し，特に重点指導する教員（ナヴィゲーター教授）が院生の研究テーマに沿って研究指導を行う。
③　演習は複数の教員による指導，アドバイスおよび討論等で行い，多面的で柔軟な発想による論文作成作業が進められている。
④　在籍中に，博士論文に直接関係した論文1編を含む政策研究の学術論文とみなされる2編以上の論文を発表し，学会発表を1回行うなどした上で，学内の公聴会で研究発表し合格すると「博士候補」となる。階段を1段ずつ上がるようにして博士論文を完成させるという，社会人にも取り組みやすい研

究指導体制となっている。
⑤　さまざまな専門性を備えた教員が多くそろっていることから，政策思想，中小企業政策，流通政策，起業論，財政・金融政策，環境・企業評価など幅広い領域の研究指導を行える体制となっている。
⑥　院生用の共同研究室に全院生に個人デスク，共用の棚および無線LANが用意されていて，論文執筆作業ないしは院生間のコミュニケーションを図る環境が整っている。

〈院生（現役）〉

氏名：阿部弘之さん
年齢：73歳
コース：政策研究科（博士課程）
入学時期：2007年（論文審査中）

学歴：カリフォルニア大学リバーサイド校卒業，城西国際大学大学院ビジネスデザイン研究科修士課程修了

当大学院を選んだ理由：
①　社会人が博士号を取得できるような環境となっていること。
②　出身の大学院修士課程の指導教授の推薦があったこと。
③　地理的に通学しやすかったこと。

勤務先：株式会社阿部整興
勤務経験：自ら創業した不動産関連の会社に永年勤務
会社との関係：会社の代表者
仕事との両立：授業が土曜日であったため両立に支障はなかった。
研究テーマ：「仲間資産による起業理論」。永年の事業経験をもとに，起業におけるビジネスのネットワークの重要性を理論構築した。
論文執筆期間：執筆に約4年，理論整理に約4年

〈修了生〉

氏名：安田 純さん
年齢：67歳
コース：政策研究科（博士課程）
入学時期：2011年春期（2016年3月博士号取得修了）

学歴：慶應義塾大学経済学部卒業，日本大学大学院修士課程（MBA）修了
当大学院を選んだ理由：日本大学大学院の指導教官が千葉商科大学大学院を推奨したため
勤務先：公益財団の不動産・住宅に関する調査機関
勤務経験：大手不動産会社
会社との関係：不動産・住宅関係の研究で問題はなかったが，論文や発表は会社とは関係なく，個人のものであることを明記するようにした。
仕事との両立：仕事に直結するテーマの研究を行ったことに加え，授業が土曜日であったため両立に支障はなかった。
研究テーマ：「高齢社会における集合住宅のあり方」。永年の勤務経験を集大成し，これからの高齢社会に向かった研究を行った。
論文執筆期間：約4年間（審査期間を除く）

著者が千葉商科大学大学院にて後輩に論文の書き方を説明しているところ（2016年11月）

著者が千葉商科大学大学院にて後輩に論文の書き方を説明しているところ（2016年11月）

●聖学院大学大学院 政治政策学研究科（修士課程）

ホームページ：http://www.seigakuin-grad.jp/
住所：埼玉県上尾市戸崎1番1号

〈特徴〉
① キリスト教デモクラシー思想を基盤として，現代社会の諸問題を解決する政策の研究を行う。
② 税法から公共政策，経済，政治思想まで，さまざまなニーズに対応し，政策立案ができ，実践力のある職業人，研究者を養成している。
③ 学問的な向上を図りつつ，税理士などの職業を目指す人のニーズにも応えている。
④ 社会人が受講できるように平日夜間，土曜日に開講している。

〈院生（現役）〉

氏名：池田隆久さん
年齢：69歳
コース：政治政策学研究科
入学時期：2016年春期

学歴：中央大学商学部会計学科卒業
勤務先：道の駅庄和（指定管理者庄和商工会）
勤務経験：ぺんてる株式会社　約30年，庄和商工会　約5年
入学目的：
① 生涯学習と生涯現役の両立が会社勤めの時からの夢であった。漸く，その機会を持つことができた。ユニークな分野にあえてチャレンジしたいと想い，農業に関する税制の研究を生涯学習として選択したこと。

② 生涯現役のために税理士資格の通過門としての論理を学び，税理士試験の科目免除の適用を受けること。

当大学院を選んだ理由：
① 農業と税制のどちらを主体とするかの中で，当大学院の埼玉税法研究会の存在を知り，税制面より農業を研究しようと考えたこと。
② 自宅より近いこと。

会社との関係：勤務先の取引先である農業法人や農家の方に少しでも役立つ研究をするため入学したが，勤務時間外の通学であり就業上問題なく，会社には特段連絡していない。

仕事との両立：授業が平日夜，土曜であり両立できている。

研究テーマ：「農業の継承と税制」

受講時間：火曜・木曜　夜間，土曜　午後

履修科目：憲法研究，租税法研究A，租税法研究B，租税法研究C，民事法と実務A・B，組織行動論研究，まちづくり論研究，社会的企業論，租税法C演習Ⅰ・Ⅱ

〈修了生〉

氏名：會田 篤さん
年齢：31歳
コース：政治政策学研究科
入学時期：2014年春期

入学目的：税理士試験の科目免除など
学歴：立教大学法学部法学科卒業
勤務先：平岡税理士事務所
勤務経験：会計事務所
会社との関係：入学時に会計事務所に勤務していて仕事上のニーズから入学
仕事との両立：授業が平日夜，土曜であったことから両立できた。
研究テーマ：「欠損金の取扱いに関する一考察　－控除制限の妥当性を中心として－」

受講時間：月曜日～木曜日　3コマ（18時～21時），金曜日　1コマ（19時30分～21時），土曜日　3コマ（9時～12時，13時～14時30分）
（※上記は1年次。2年次は論文作成が中心で，講義は週1，2コマ程度）
履修科目：デモクラシー・人権研究，公共政策研究，租税法研究A，租税法研究B，租税法研究C，経済学研究，まちづくり論研究，会計学研究，情報論研究，租税法A演習Ⅰ・Ⅱ

●中央大学ビジネススクール大学院 戦略経営研究科 MBAプログラム（専門職学位課程）

ホームページ：http://www.chuo-u.ac.jp/academics/pro_graduateschool/business/
住所：東京都文京区春日1-13-27（後楽園キャンパス）
授業時間：土曜日　9時～19時30分，日曜日　10時～17時20分，平日（除く月曜）18時30分～21時40分（各授業は2コマ連続で実施され，2か月で完結するミニセメスター制）

〈特徴〉
① 総合大学の強みを活かし，専門職大学院であるロースクールとアカウンティングスクールとの連携によりビジネス全般をカバーする領域の科目群が設定されている。
② アカデミック教員と実務家教員とのバランスがよい教員構成となっており，理論と実践の両面を学ぶことができる。
③ 「戦略」，「マーケティング」，「人的資源管理」，「ファイナンス」，「経営法務」の5分野からなる統合型カリキュラムで学ぶことにより，企業経営において重要性を増している「戦略経営リーダー」（全社的な戦略の企画を行うリーダー）を育成する。
④ 入学時より各院生にはアドバイザー教員が付き，院生のキャリア・入学目的に応じた履修方法について助言する等，修学環境をサポートしている。
⑤ 社会人が通学しやすい都心のキャンパスにおいて，平日（火曜日～金曜

日）の夜間と，土曜日と日曜日は終日に授業が行われている。
⑥ MBA取得後に同じキャンパスに設置されている博士後期課程（DBAプログラム）に進学することも検討できる（研究論文（修士論文相当）を執筆してMBAを取得することが必要）。

〈院生（現役）〉

氏名：平田和也さん
年齢：36歳
コース：MBAプログラム（マーケティング分野）
入学時期：2016年春期

学歴：流通科学大学流通学科卒業
勤務先：百貨店業界
入学目的：
① ブランド戦略論，ロジスティクス論など最新の理論や事例を吸収し，ビジネスに活かすため。
② これまで関連の薄かった領域の科目を受講し，見識を広げ，自身の可能性を見つめ直すため。

当大学院を選んだ理由：
① マーケティングをはじめ学びたい科目が充実していること。
② 個人的に優先順位の高かったマーケティング・流通・法務の領域で著名な教授の授業があること。

研究計画書をどのようにして書いたか：大学院のコースの内容を前提としつつ，仕事で感じている問題意識を書き出し，研究計画書とした。
会社との関係：会社に通学を連絡したところ，業務優先であれば可となった。
仕事との両立：仕事に直結する内容を学んでおり，授業も週末（含む休日扱いの日）のみであることから両立に問題ない。
研究テーマ：プライベートブランドに関する修士論文を執筆の予定。

勉強時間：受講／火曜日・金曜日・土曜日（特に土曜日に集中的に受講），自宅／1年次は週5～6時間程度，また週3時間程度のグループワーク作業が5回あった。2年次は週5時間程度の論文執筆の時間が必要となる見込み。

履修科目（1年次）：経営戦略論基礎，マーケティング戦略論，人的資源管理，知識創造戦略論，消費者行動論，ブランド戦略論，流通戦略論，コンプライアンス・内部統制と法実務，金融法務，ロジスティクス戦略論，特別講義（ビジネスプランニング）

〈院生（現役）〉

氏名：Nさん
年齢：48歳
コース：MBAプログラム（戦略分野より経営法務分野に変更）
入学時期：2015年秋期

学歴：京都大学農学部卒業，同大学院農学研究科修士課程修了
勤務先：非営利組織
入学目的：入学時／人材育成のノウハウ修得，現在／勤務先の所属部署が人材育成部門から内部統制部門に異動となり，学習の重点を内部統制のための経営法務ノウハウの修得へシフトした。

当大学院を選んだ理由：
① 仕事上コンタクトがあった教員が所属していること。
② 修了生から勧められたこと。
③ 週末と平日夜間に授業があり通学が可能なこと。

研究計画書をどのようにして書いたか：
① 勤務先の中期3カ年計画に明示している改革案に関する問題意識を書き込んだ。
② 大学院で学ぶことをいかに仕事に反映させるかという内容も書いた。

会社との関係：通学に関して勤務先に連絡した。

仕事との両立：通学は週末が中心で問題なかったが，入学後に勤務部署が内部統制部門に異動となり繁忙期に出席できなかったり，レポート作成の時間が取りにくいという問題がある。

研究テーマ：勤務先の将来の方向性を考えつつ，仕事に関係するテーマとして「組織の内部統制」を修士論文で取り上げる予定。

勉強時間：受講／週末中心（一部平日の夜間），自宅／1年次は週7時間程度，2年次の後半は特に修士論文執筆のため週20時間程度は確保することが目標。

履修科目：現代契約法，経営戦略論基礎，人的資源管理，経営法務概論，ダイナミック戦略論，知識創造戦略論，ICTガバナンスと企業戦略，ブランド戦略論，組織行動論，雇用管理，金融組織と金融市場，財務報告論，グローバル経営法務，コンプライアンス・内部統制と法実務，金融法務，グローバル金融市場と金融政策，ビジネスのための金融工学，対行政のビジネス法務，金融行政とその課題，プロジェクト研究

〈院生（現役）〉

氏名：Mさん（女性）
年齢：30歳代
コース：MBAプログラム（人的資源管理分野）
入学時期：2016年春期

学歴：津田塾大学英文学科卒業
勤務先：航空会社 人事部
入学目的：
① 自己投資（自己啓発）。
② 仕事に役立つことの勉強。

当大学院を選んだ理由：
① 勤務しながら通学が可能なこと。
② 人的資源管理のコースがあり，教員が充実していること。

研究計画書をどのようにして書いたか：
① 仕事における問題意識を研究内容として検討した。
② 女性が生涯働ける社会と会社のあり方を研究したく，その内容を計画書にまとめた。

会社との関係：会社に通学を連絡したところ勤務時間外であれば可となった。

仕事との両立：授業が週末と平日夜間でキャンパスが都心にあることから，両立できている。

研究テーマ：「雇用の流動化」について修士論文執筆の予定。

勉強時間：受講／土曜，日曜，平日夜間（1年次は2日登校），自宅／週5時間程度（1年次），週5時間と論文執筆の時間（2年次見込み）

履修科目（1年次）：経営戦略論基礎，人的資源管理，経営法務概論，戦略と組織，知識創造戦略論，ビジネスエコノミクス，ブランド戦略論，雇用管理，人的資源のデータ分析，組織行動とリーダーシップ，イノベーションの実践，人材開発，成果主義人事制度，人的資源特別研究（人材マネジメント事例研究），労働関連法務，特別講義（実践・変革マネジメント論）

〈院生（現役）〉

氏名：Wさん（女性）
年齢：48歳
学歴：音楽大学卒業
勤務先：メーカー
コース：MBAプログラム（人的資源管理分野）
入学時期：2015年秋期
入学目的：社員の採用，人材育成に関連するノウハウの修得（仕事上で必要なため）
当大学院を選んだ理由：
① 科目等履修生として履修した単位が正規課程の修了単位として認定されること。
② 科目等履修生で授業を受けることにより，正規入学前に授業の様子や勉強のペースがおおよそつかめたこと。
③ 授業を受けてみたいと思える先生がたくさんいること。

④　週末の通学のみで修了できること。

研究計画書をどのようにして書いたか：
①　自分のキャリアの棚卸作業を実施。
②　勤務する会社の問題点と解決策案を研究計画とした。

会社との関係：通学に関して勤務先には連絡したが，公にはしていない。

仕事との両立：家族の理解と協力もあり，週末中心の通学で仕事との両立は問題ないが，子育ては想定外のことも起こり，たとえばレポートや課題提出直前に子どもが病気になってしまうこともあるため，そのような時には自宅でのレポート作成や勉強時間を確保することが難しい場合がある。

研究テーマ：仕事に直結する「人材育成」に関するテーマで修士論文を書くこととしている。

勉強時間：受講／週末中心，自宅／1年次は週10時間程度（レポート提出直前はもう少し増える）。2年次の後半は特に修士論文執筆のための時間を別途確保する予定。

履修科目：経済学入門，現代企業法，経営戦略論基礎，人的資源管理，経営法務概論，知識創造戦略論，雇用管理，人的資源のデータ分析，組織行動論，財務報告論，コンプライアンス・内部統制と法実務，アジア経済論，中国経済論，技術開発マネジメント論，国際人的資源管理，人材開発，報酬管理，人的資源特別研究（キャリアカウンセリング），特別講義（ネットワーク時代のセキュリティとガバナンスを考える），特別講義（実践・変革マネジメント論），特別講義（未来価値創造論），プロジェクト研究

●多摩大学大学院

ホームページ：http://tgs.tama.ac.jp/
住所：東京都港区港南2-14-14　品川インターシティフロント5階（品川サテライト）
授業時間：土曜日9時〜17時50分，日曜日9時〜17時50分，平日18時30分〜21時40分

〈特徴〉
① 社会人大学院の草分け的存在。
② MBAコースとビジネスデータサイエンスコースを有する。また，2017年度よりルール形成戦略コースが新設される。
③ 第一線で活躍する経験豊富な実務家講師陣が充実。
④ 品川駅港南口から徒歩数分のアクセスしやすいキャンパスであり，平日夜と土日を中心に組まれたプログラムで社会人でも問題なく通うことができる。
⑤ 経営に変革を起こす「イノベーターシップ」を習得できる。
⑥ 多くの授業が同時開講していることから，院生のニーズに応じた授業を選択できる。
⑦ 大学院の同窓会が整備されていて，修了後も続く人的ネットワークを生涯の財産とすることができる。

〈院生（現役）〉

氏名：渡部しのさん
年齢：42歳
コース：MBAコース
入学時期：2015年秋期

学歴：青山女子短期大学（英文学専攻）卒業。将来のビジネスリーダー候補者として勤務先から大学院に推薦状が出されたことで，大学院より大学卒業レベルの知見を有すると認定され入学した。
勤務先：富士ゼロックス多摩株式会社 マーケティングサポート部人事グループ 兼 社長秘書
会社との関係：会社の研修制度の中で多摩大学大学院に派遣
仕事との両立：主に土曜・日曜に受講している。平日の夕方も多少授業を受けているが，勤務先がフレックスタイム制度を導入していることから，無理なく受講できている。

当大学院を選んだ方法：まず研究の方向性を「自部門が取り組むべき課題と自身が果たすべき役割」という点より決めた。次にこの研究内容を学ぶカリキュラムがある大学院を探し、多摩大学大学院は「各々の問題意識に応じて授業科目を選べるシステム」と「ストレスマネジメント」のカリキュラムが備わっていることから決定。

研究テーマ：「企業にとって効果的なメンタルヘルス対策とは」。メンタルヘルス不調をもたらす「個人の問題」と働き方や職場の特性などの双方を識別しながら系統だった要因を見つけ出していくことが重要と考え、ストレスマネジメントの必要性や効果、そして最高のパフォーマンスを発揮できる職場をいかにすれば構築できるかを考察し、論文としてまとめることとしている。

履修科目：カルチャーベースマネジメント、ヒューマンリソース概論Ⅱ、クリティカルシンキング、戦略PRマーケティング、問題解決学Ⅱ、高齢社会のまちづくり、経営法務とガバナンス、シナリオプランニングワークショップ、次代を拓くソーシャルリーダーin東北（休業期間中の集中講義）、ストレスマネジメント、論文指導ゼミ

〈修了生〉

氏名：片桐篤志さん
年齢：52歳
コース：MBAコース
入学時期：2015年春期

学歴：文系の大学を中退。二級建築士の資格取得後に、一級建築士を取得しており、この資格を保有していることから大学院より大学卒業レベルの知見を有すると認定され入学した。
勤務先：有限会社ケーエヌケープランニング 代表取締役
職務経験：工務店、ゼネコン、不動産会社
会社との関係：仕事上のニーズから入学

仕事との両立：会社の代表者として，仕事の一環と考えている。
研究テーマ：「事業家の意思決定」。会社の創業者として，経営方針の決定などのあるべき形を考察して論文を作成することとしている。
履修科目：シナリオプランニングワークショップ，知識創造経営のプリンシプル，デザイン思考ワークショップ，インサイトコミュニケーション，カルチャーベースマネジメント，ストレスマネジメントと精神回復力，実践事業創造，ベンチャー企業論，社会デザイン構想，コンテクストデザイン，地域・観光ビジネス戦略，論文指導ゼミ

●名古屋経済大学大学院（法学研究科修士課程，会計学研究科博士前期課程）

ホームページ：http://www.nagoya-ku.ac.jp/+
住所：愛知県名古屋市中村区名駅4-25-13（名駅サテライトキャンパス）
授業時間：土曜日9時30分〜18時10分，平日18時〜21時10分（一部平日昼間）

〈特徴〉
① 名古屋駅から徒歩数分の場所に本格的なサテライトキャンパスを設置し，講義も平日夜間と土曜日午前・午後中心の時間帯で社会人が受講しやすい環境を提供している。
② 230人の税理士を輩出する実績を有している。
③ 法学研究科と会計学研究科の間で単位互換制度がある。
④ 実務家の教員と理論研究の教員のバランスがとれている。

講義の様子（2016年12月3日著者撮影）

サテライトキャンパス内の図書室（2016年12月3日著者撮影）

〈院生(現役)〉

氏名:菅谷基広さん
年齢:35歳
コース:法学研究科
入学時期:2016年春期

入学目的:税理士試験の科目免除,税法条文を読めるようにするため
学歴:名城大学理工学部卒業,同大大学院理工学研究科修了
勤務先:洋菓子店(アルバイト)
職務経験:名古屋市立公立中学校の理科教員,外資系航空会社の客室乗務員
会社との関係:仕事上の必要性から入学
仕事との両立:両立できるようにアルバイトで勤務
研究テーマ:「創業者の役員退職給与に関して」。以前勤務していた税理士事務所にて,裁判事例の資料を見て日頃から研究テーマを模索していた。
勉強時間:受講/平日18時〜21時　土曜日9時〜16時,自宅/毎日2時間程度
履修科目:租税法研究Ⅱ,租税法基礎研究,租税争訟法研究　等

〈修了生〉

氏名:武井ちささん
年齢:46歳
コース:法学研究科
入学時期:2012年春期

入学目的:税理士試験の科目免除
当大学院を選んだ理由:通学しやすい立地・時間割,教授陣が充実,科目免除
学歴:お茶の水女子大学卒業

勤務先：武井ちさ税理士事務所

勤務経験：東京海上

会社との関係：入学時に会計事務所に勤務していて仕事上のニーズから入学

仕事との両立：主婦・仕事・大学院をこなすのは時間的に大変であった。

研究テーマ：「国際的租税回避に対抗する法人税制についての一考察」（仕事とも関係があるホットなテーマを選んだ）

勉強時間：受講／平日18時～21時　土曜日9時～16時，自宅／平日1～2時間（2年次は修論のため3時間）　土曜日2～3時間

履修科目：1年次　企業法研究Ⅱ，民法研究Ⅰ，企業法務研究，比較企業法研究Ⅰ，租税法研究Ⅰ，租税法研究Ⅱ，租税法研究Ⅲ，所得税法実務研究，2年次　租税法研究Ⅰ，租税法研究Ⅰ演習

●兵庫教育大学大学院 学校教育研究科（修士課程・専門職学位課程）

ホームページ：http://www.hyogo-u.ac.jp/

住所：兵庫県加東市下久米942-1

〈特徴〉

① 新構想（現職教員の再教育）の教員養成系大学院大学として設立。専門職学位課程は全国最大（100名）の入学定員を有する。

② 修士課程は3専攻（人間発達教育，特別支援教育，教科教育実践開発専攻）11コースで，各々，昼間クラスと夜間クラスがある。専門職学位課程は教育実践高度化専攻に6コースを有し，うち3コースに昼間クラスと夜間クラスがある。教育の理論と実践を学び，究めることができる教員養成の総合大学院といえる。

③ 昼間クラスは，学生寄宿舎（単身用・世帯用）を備えた自然豊かな加東キャンパスで，夜間クラスは，神戸駅から徒歩圏の神戸ハーバーランドキャンパスで社会人が受講しやすい時間帯に，それぞれ開講されている。

④ 附属学校（中学校，小学校，幼稚園）を有し，実践力に優れた教員養成を行っている。
⑤ 学校現場を取り巻く諸課題や社会的ニーズを的確に捉え，それらに対応できる教員の力量形成を図る教育や研修を行っている。
⑥ 現職教員の高度な実践的指導力の養成，実践力に優れた新人教員の養成をミッションとしており，「学び続ける教員」の育成を目指している。専門職学位課程は開設以来，高い教員就職率を維持しており，平成22年（2010年）度，24年（2012年）度，26年（2014年）度は100％を達成している。

〈院生（現役）〉

氏名：山口公平さん
年齢：30歳
コース：小学校教員養成特別コース（専門職）
入学時期：2014年春期

入学目的：教員免許取得のため
学歴：山口大学人文学部卒業
勤務先：5年間リーフラス株式会社福岡・北九州支店にてスポーツを指導
会社との関係：教員を目指し大学院に入学するために勤務先を退職
仕事との両立：学業に専念
研究テーマ：「小学校体育科ベースボール型におけるバッティング指導法の考案」。スポーツ指導の経験からバッティング理論と実践の融合の研究を目指している。
勉強時間：大学院と自宅で，平日・週末ともに合計7〜8時間程度
履修科目：2016年度後期　教員のための人権教育の理論と方法B，授業における評価の基準作成理論と学力評価法B，教科・領域の内容・指導法研究（理科・生活科・体育科・総合学習），教育実践研究（アクション・リサーチ）

〈院生（現役）〉

氏名：小河竜馬さん
年齢：32歳
コース：小学校教員養成特別コース
入学時期：2014年春期

入学目的：教員免許（小学校教諭）取得および，教育理論と実践力養成のため
学歴：奈良大学社会学部人間関係学科，玉川大学（通信）卒業
勤務先：医療・福祉機器販売会社を大学院入学のため退職
職務経験：アルバイト2年，医療機器販売会社の営業3年
会社との関係：小学校の教諭を目指し，大学院に入学するために勤務先を退職
仕事との両立：学業に専念
研究テーマ：「サーバントリーダーシップ理論を通した学級経営の一考察」（組織哲学の研究）
勉強時間：大学院と自宅で，平日は合計9時間程度
履修科目：初等生活，教職原論，教育基礎論，学習心理学，教育制度論，教育課程論，初等国語科教育法，初等社会科教育法，初等算数科教育法，初等理科教育法，初等生活科教育法，初等音楽科教育法，初等図工科教育法，初等体育科教育法，初等家庭科教育法，道徳教育論，教育方法論，初等社会Ⅰ，初等算数Ⅰ，初等理科Ⅰ，初等音楽Ⅰ，初等図画工作Ⅰ，特別活動論，生徒指導論，教育相談論，同和教育と人権教育，初等英語教育法，特別支援教育総論，重複障害児指導論，病弱児指導論，障害児保健研究，コーディネート概論，実地研究Ⅰ（基本実習），実地研究Ⅱ（発展実習），教職実践演習（幼・小・中・高），特色あるカリキュラムづくりの理論と実際，授業の指導計画と教材研究の演習，授業での学習支援と指導法に関する事例分析，児童生徒の問題行動に関する事例研究，児童生徒を活かす学級経営の実践演習，学校における心の教育実践研究，教員のための学校組織マネジメントの実践演習，教員の社会的役割と自己啓発，教員のための情報処理演習（基礎），学級づくりと教育的関係の構築，特別活動指導自治的文化的活動の展開，道

徳教育諸理論と道徳の授業作り，教科の授業作りと授業分析・評価，総合学習の創造過程と評価法，生徒指導とキャリア教育の実際，障害のある児童への指導と支援方法，教育実地基礎研究Ⅰ・Ⅱ，教科・領域の内容・指導法研究Ⅰ〜Ⅴ，実地教育リフレクションセミナー，教員のための人権教育の理論と方法，授業における評価の基準作成理論と学力評価，教育実践研究（アクション・リサーチ），実地教育Ⅰ〜Ⅶ

〈院生（現役）〉

氏名：紫垣万里子さん
年齢：32歳
コース：小学校教員養成特別コース（専門職）
入学時期：2016年春期

入学目的：幼稚園教諭をしていた経験から，幼児教育と初等教育の接続期の教育に携わりたいと考え，小学校教諭専修免許状および特別支援学校教諭1種免許状取得を目指すこと
当大学院を選んだ理由：卒業した大学のゼミの教授（元兵庫教育大学附属幼稚園の先生）からの情報による。
学歴：聖和大学（現関西学院大学）教育学部卒業
勤務先：9年間熊本で幼稚園教諭として勤務
会社との関係：本大学院に入学するために勤務先を退職
仕事との両立：学業および育児に専念
研究テーマ：「幼児教育から初等教育への円滑な接続に向けての研究」
勉強時間：大学院と自宅で，平日・週末ともに1日10〜12時間程度
履修科目：小学校教諭専修免許状取得に関する科目52単位，特別支援学校教諭1種免許状取得に関する科目30単位

第14章

通信制大学の特徴

　私は3つの通信制大学に入学した経験があります。1つ目は中央大学（通信課程）法学部で，3年次編入し2年間で卒業しました。2つ目は日本大学通信教育部文理学部文学専攻（英文学）で，3年次編入し1年在籍（20単位取得）して中退しました。3つ目は慶應義塾大学通信教育課程文学部（2類・史学）で，3年次編入し2017年3月末卒業見込です。

　上記の3つの通信制大学で勉強した経験のほかに，放送大学と法政大学の通信課程への入学を検討したこともあり，学生の立場から見た通信制大学の良い点と注意しなければならない点をよく知っています。通信制の大学は費用が安く，勉強する時間帯に制限がなく，年齢にかかわらず勉強することができるなどとても良い制度になっています。読者の皆様にも，私がしてきたように，ライフステージのいろいろな場面で，いろいろな勉強をこの制度を利用してやってもらいたいと思います。大学などで勉強をしたことのない人が読むことも想定して，この章は，手続などを含め，特にわかりやすく説明します。しかし大学を卒業した人も，自分が卒業した学部と異なる学部に編入して，3年次から勉強することをお勧めします。学部が異なると随分とよい勉強となるし，異なる領域の学問にとても新鮮さを感じます。

● 第1節　通信制大学での学び方

① 通信制大学の概要

A. 特　徴

通学制の学部と異なり，科目試験と一部の科目のスクーリングを除いて，通学せずに卒業が可能です。しかし，正規の大学であり卒業資格などは通学制の学部と同等で，例えば下記のような資格取得も可能です。

・教員免許状
・保育士
・建築士受験資格
・社会福祉士受験資格
・測量士補
・博物館学芸員
・学校図書館司書教諭
・社会教育主事
・児童指導員任用資格

B. 費　用

文科系の場合，授業料は各大学とも年間で10万円前後となっています。例えば中央大学のホームページによると，3年次編入で2年間で卒業した場合の費用総額は約30万円となっています。この費用総額には，授業料，スクーリング代，テキスト代が含まれています。

C. 入学試験

入学試験はありません。原則として小論文を含めた書類審査のみで入学が許可されますが，慶應義塾大学など一部の大学では，不合格となる人もいるといわれています。

D. 教　官

通学課程の教官が兼務していて，教育レベルは通学課程の学部と同等といえ

ます。しかし，レポートの添削については，教授でなく，助手のような立場の人がやっている場合もあります（添削者は原則非公開）。

E. 卒業に必要な単位

通学課程と同等。科目試験（週末などに全国の試験会場で行われる試験）で取る必要単位とスクーリングで取る必要単位が決まっている場合が多いといえます。

F. 単位取得の方法

概ね下記のような4つのパターンがあります。

① 2単位の科目の場合で，レポートを1～2本提出し合格し，科目試験に合格すること。
② 2単位の科目の場合で，18時間程度（3時間程度×6日間）スクーリング授業を受けて，スクーリング最終日の試験に合格すること。
③ 上記①②を混ぜたような形で，レポートを提出し合格し，スクーリングを受けて，スクーリング最終日の試験に合格すること。
④ インターネット上のEスクーリング授業を受けて，Eスクーリングのための試験を後日試験会場で受け合格すること。

各大学ともに，パターンにより単位取得の難易度に差があります。スクーリングによる単位取得はやや容易な場合が多く，科目試験による単位取得は難しくなっています。さらに，科目により単位取得の難易度にはばらつきがあります。担当する教官が異なるというのが主な理由といえます。

G. スクーリング

主に次のようなスクーリングがほとんどの大学で行われています。

① 夏季スクーリング：通学生の夏季休暇期間中にメインキャンパスで2～3週間，多くの科目の授業が行われるもの
② 週末スクーリング：土日に2か月間程度行われるもの
③ 夜間スクーリング：平日の午後6時頃より，3か月ほど毎週行われるもの
④ 地方スクーリング：教官が地方都市に出張して行われるもの

費用は原則として各年度の初めに払う授業料には含まれておらず，追加の費用が発生します。1科目あたり6,000円から10,000円程度です。よって，スクー

リング中心に勉強をすると，卒業までの費用総額は増加することとなります。Eスクーリングはさらに割高となります。通学タイプのスクーリングが唯一，教官や他の学生と会う機会となります。

ところで，大学により学生の年齢にはかなりの差があり，私は，スクーリングの際に結構気になりました。日本大学は若い人が多く，中央大学は50歳以上の人も結構います。慶應義塾大学は年代別にみると50歳以上の人が最大勢力というクラスが結構あり，教官より若い学生が数名というようなケースもあります。

H. 科目試験

スクーリングを受けずに，レポートを合格して，単位を得るために受験するものです。試験範囲は原則としてテキスト1冊で，テキストを何度も読む必要があります。ただし，この科目試験は，各大学とも過去問題を配布している場合が多く，過去問題を見ることで，試験範囲はかなり限定されます。各大学とも全国（主要都市，首都圏は複数，大学により海外にも）の各地区ごとに，大学公認の勉強会組織が存在し，この勉強会に参加することで過去問題が入手できる場合もあります。慶應義塾大学では，学生間の不公平が発生しないように，過去問題集を年1回全員に配布しています。この試験は，各大学とも年4回から6回程度，全国の主要都市で実施しています。

I. 図書館

各大学とも通学生とほぼ同等の条件で利用できます。地方在住者はスクーリング期間以外利用が難しいですが，本校近くの在住者は，利用できると便利です。

J. 卒業証書

卒業証書は通学課程とまったく同じものが発行されます。成績証明書には通信課程の表示がありますが，勉強する内容，レベルは同じと考えてよいと思います。

K. 速く卒業したい場合

大学院を目指すなどの事情から，速く卒業したい人もいると思います。大学卒業資格があればよいという場合は，偏差値のあまり高い大学は避けたほうが無難だと思います。入学試験がないために，入学生の高校までの成績にはばら

つきがあり，通信教育の大学生は授業の理解度にかなり差があるように感じています。スクーリングで立ち話をした学生は，レポートがほとんど合格しないことから，何年間も通っていると教えてくれました。あまり無理せず，自分に合ったレベルの大学に入学すると速く卒業できるので，まず通信制の大学を卒業して，さらに継続して勉強を他の大学ないし大学院で勉強することをお勧めします。

どこの大学でも科目により難易度に差があるので，科目の難易度に関する情報を集めることも大事です。そして，難易度の低い科目から勉強を始めてください。そして，レポートのコメント欄の指摘事項をよく読んでレポートの質を向上させてください。さらにスクーリングは科目の理解が深まり，単位が取りやすいので，うまく組み合わせると効果的となります。

L. インターネットの噂

インターネット上に書かれていることをあまり信じないでください。インターネットでよく議論されているのは，卒業証書の評価です。私は中央大学の通信課程の卒業生ですが，中央大学法学部卒業と履歴書に書いています。通信制大学は入学試験もなく学費が安く入学が容易な面がありますが，正規の大学です。通信は差別されるようなものではなく，通学生と同等の卒業証書が発行されます。次によく書かれているのが，教官や事務局の人が通信制の学生を見下しているという議論です。私は3つの通信制大学で勉強し，いくつかの通信制大学を入学検討のため訪問しましたが，ありえないことだと思います。もし教官などに厳しいことを指摘された場合は，通信であることに原因があるのではなく，レポートや発言の内容に問題があると思うようにしてください。

② 通信制大学を選ぶポイント

費用は，新設校などいくつかの特別なところを除き，あまり差はありません。大事なことは，無理に難しい大学を選ばないことです。慶應義塾大学や中央大学などの難関校に入学した当初はなかなかレポートが合格しない人も多いようです。レポートが複数回合格しない場合，科目を変えてみてください。自分の得意な科目の場合は合格するかもしれません。それでもなかなか合格しない場合は，あまり無理せず大学を替えるのも戦略の1つだと思います。入学金など

通学制の大学と比べると安いですし，半年ごとに募集されているので，大学を替える負担は大きくありません。

　立地としては，図書館の利用を考えるとキャンパスに近いほうが便利ですが，文学部などの場合は，地元の公立図書館の本でも十分かもしれません。しかし卒論を書く段階に入ると，大学の図書館の利用が望まれます。

　東京，大阪に居住していて，選択できる大学が複数ある場合，自分の年齢層の学生が多い大学のほうが無難かもしれません。学生の年齢層は大学のホームページに公開されている場合が多いですし，事務局に問い合わせると教えてくれるはずです。

③　レポートの書き方

　レポートを何回出しても不合格となる人がいます。自分の不得意な科目の場合は科目を変えてトライするという方法もありますが，そもそも合格ラインに達していないという場合が多いはずです。100メートルを13秒で走る必要があるのに，14秒で走っているような状態です。それでは何度走っても合格しません。一旦合格すると，どんどん合格するようになるはずです。13秒で走るコツを習得したということです。それでは，そのコツについて説明します。

　大学や科目によっては，テキストをまとめるだけで合格となる場合もありますが，基本的には次のような方法がお勧めです。

- **A．** 要求されているレベルを調査し，そのレベルに達するレポートを書くこと。要求されているレベルは，スクーリングに出席して仲間に聞いたり，合格しやすそうな科目を選んで試しに出してみたりすると，だんだんわかってきます。
- **B．** レベルの高いレポートについては，出題者の意図を理解できるようにテキストを読むことです。関連書を読むと異なる考えが書いてある場合もあるはずです。出題者は原則としてテキストに沿って出題するので，テキストを読むと出題者の意図がわかる場合が多いです。ただしテキストがとても古く，更新されていないような場合もあります。その場合は他の本を利用するしかありません。

C. レポートの骨組みを書いたら，関連書の該当箇所に書かれた異なる意見を見つけて，異なる意見もあるが自分はこう思うと書き，その理由も添えると良いレポートとなります。ここがレポートのレベルを上げる大事なポイントです。

D. レポートは形式が大事です。参考文献や注を書くことが必須です。形式については，インターネットで，「大学」「レポートの書き方」というキーワードで検索すると良い事例が出ているので，参考としてください。

④ 卒論のテーマの選び方，書き方

　卒論が卒業要件になっている大学が多くあります。卒論とか論文など書いたことがない人にはイメージが湧きにくいと思います。レポートを5回，6回と出すと少しイメージできるようになるはずです。1つのテーマについて，レポート10〜20回分の分量の文書を書くということです。

　まずテーマの決め方から説明します。一般的にいえるのは，大きすぎるテーマを考える人がよくいることです。例えば，「日本経済の向上のための政策」とか「企業の成長戦略」とか「フランス文学の特徴」というようなテーマです。大きいテーマは論文にするのが難しいと考えてください。テーマはなるべく絞ることが大切です。例えば「日本の金融自由化の問題点」とか「回転すし店の成長戦略」とか「ボードレールの悪の華」などとなるべく狭い範囲のテーマとすべきです。狭い範囲でも深い議論が可能です。悩む人も多いはずですが，普段から「あれはおかしい」とか「あれはどうなっているのか」という問題意識を持っていれば，テーマは結構身近にあるはずです。例えば，日本の駅前は，パチンコ店が多く建っています。外国にはないビジネスです。

　なぜでしょうか。最近成長している業界などもテーマになります。文学部系であれば，以前より気になっている作家，あるいは歴史的な人物などがテーマとなります。

　テーマを考えるなど，論文作成の時期になったら，早い時期に先輩が書いた論文の複数に目を通すことをお勧めします。論文を書いたことのない人には特に強くお勧めします。自分がこれから作るものを見ておくことは大事です。その際に，大学で見本として公開している論文を見て，驚かないことです。見本

はとても良くできているもので，通信課程の学生の中には，論文をすでに何回か書いた人が意外といます。

　次に入手できる文献を検討する必要があります。例えば，インドネシアに旅行して感動し，インドネシア経済に関する論文の執筆を検討するとしましょう。日本語で書かれた文献は限定的なので，インドネシア語ができない人にとっては文献の検討も難しいはずです。逆にいうとインドネシア語ができる人，インドネシアの人は，「日本とインドネシアの貿易について」というテーマであれば良いものが書けるように思います。論文を書く場合に，手に入る文献が存在することが重要です。もしない場合は，自分自身で一から調査する必要が出てきてしまいます。各省庁が調査して，各種の白書などに公開しているデータ・資料を利用するのがお勧めです。その意味で，実は先ほど例に挙げたパチンコ店に関しては，「立ち退き問題」などという社会的な論文を除き，成長戦略などについては，十分な資料・論文がないように思えます。どのような文献・論文があるかは，国立情報学研究所が提供しているCiNiiのサイト（http://ci.nii.ac.jp/）を利用すると便利です。

　次に書き方を説明します。およそのテーマないし領域を決めたら，あまり詳しい文献を読むことから始めずに，まず概説書を数冊読むのがよいと思います。そして該当する領域に，どのような文献があるかをその概説書の巻末の参考分献などで調べてください。少し勉強が進んだら，似たような論文がないか，CiNiiなどで確認してください。この作業はとても大事です。もし似た論文があったら，その論文を読んで，自分の意見と異なる点，理解できない点を調査すると自然と自分の論文になります。つまり既存の論文の内容を説明して，自分の意見と異なる点を根拠を挙げて論じるということです。そしてこの作業の途中で，各大学には3年次あたりから，ゼミないし論文指導の機会が必ずあるので，積極的に出席ないし参加して，自分の作業状況などを説明してください。あるいはスクーリングで授業の後に教官に何か質問してみて，フィーリングが合いそうな教官がいたら，自分の卒論テーマについて質問してみてください。スクーリングは1週間程度続くので，その間に良いアドバイスがもらえる場合もあるはずです。このスクーリングの教官の中から，卒論を指導してもらえる教官を選ぶのが理想的です。

●第2節　私が学んだ通信制大学の事例

①　中央大学法学部通信教育課程の場合

　私は慶應義塾大学商学部（通学制）を卒業し30年間銀行に勤務していたことから，金融取引についてはかなりの経験がありましたが，自分でベンチャー企業を興してみると商取引に関係する法律や特許法などの知識が不足していると思うようになりました。そこで，会社の運営に欠かせない民法・商法・特許法を勉強し直そうと考えました。入学費用と半年分の授業料などの経費は10万円にも満たず，意味がないと思ったらいつでも止めれば済むこと，くらいの軽い気持ちで中央大学法学部通信教育課程の3年次に編入しました。

　通信制大学という制度には以前より興味を持っていましたが，実際に勉強するのは初めてでした。まずはレポートの提出です。課題に沿ってテキストと関連する本の該当箇所を読んで，2～3本レポートを出しました。1本作成するのに，2週間程度はかかったはずです。すると1か月程度で戻ってきて，5段階の最低ランクの評価で不合格とのことでした。とても不愉快で指摘事項を直して再提出する気にもなれず，"通信教育は自分に合っていない"という理由で止めようかと思いました。すると数日後に，他の科目のレポートが戻ってきて，今度は，5段階の最高評価でレポートの内容を褒めたコメントが付いていました。似たような科目で同じようなプロセスで書いたのに不思議だと思い，事務局に電話して事情を話すとやはり，不思議なことだというような説明でした。気を取り直してレポートを書く作業を続けることとしました。通信教育の大学での勉強は，費用が信じられないほど安く時間も自分の都合で何とでもなります。しかし一人で勉強してレポートを通さなければならないところに，落とし穴があるように感じます。

　不合格のレポートの場合，欠点を指摘したコメントが書かれていますが，ほとんどが読めないような字で，内容が具体的でない場合もあるように思います。

　レポート作成の対策として，各地に大学公認の勉強会組織があり，そこに入

会すると仲間がいて、いろいろな情報が入手できるようになっています。私はそのような勉強会には入会しませんでしたが、勉強会のホームページには多くの学生が科目ごとのレポートの書き方、試験勉強の仕方などを公開しています。参考になるものとならないものが混ざっていますが、参考になるものも多く存在します。私の場合は、インターネット情報や戻ってくるレポートのコメントなどを参考として、レポートを効率よく作成できるようにしました。最初の頃は、合格率が7～8割程度で、それからだんだん改善したように記憶しています。スクーリングで隣の席にいた人とレポートについて話をしたこともあります。その人は何回出してもほとんど合格しないということで、とりあえずスクーリングだけ受けているとのことでした。

　レポート作成を数か月やっているとスクーリングが始まります。中央大学の場合、レポートを4本出して科目試験に合格して4単位を取得するか、レポートを2本出してスクーリングに出席して最終日の試験に合格するかして4単位を取得するようになっています。私は主に後者を選びました。スクーリングは短期間で集中的に勉強するもので、中央大学は他の大学と比べると内容も濃く、しっかり吸収しないと最終日の試験にパスしないことから、全員真剣です。居眠りするような学生は皆無でした。私は眠くなることがあり、コーヒードリンク持参でした。特に夏期スクーリングは連日の授業となり大変で、最終試験の日は、試験準備でランチ抜きとなるほどでした。数日前に試験範囲の説明があるため、スクーリングの試験で不合格となる人は一部の厳しい科目を除いてあまりいないはずです。

　私は2年間で卒業することを目標としたので大変でしたが、通信教育は授業料が安いことから時間をかけてゆっくり勉強することができるので、各人の事情に合わせて勉強のペースを調整すればよいと思います。私の場合は、入学して1年ほどで卒論を書く作業を始めました。仕事の関係から特許関係の書類を扱うことが多く、卒論のテーマに特許を選び、知的財産法の佐藤恵太教授のゼミで論文指導を受けました。仕事上で疑問に感じていた、特許が成立する条件に関する研究を行い、「特許における進歩性判断のあり方」というタイトルの論文を書き、目標通り2年間で卒業することができました。

> 中京地区在住の人に，一口メモ
>
> 中央大学法学部（通信課程）での勉強をサポートしてくれる専門学校があります。中央大学の提携校である中京法律専門学校（法律科4年課程）です。
> 入学金と年間授業料を合わせると80万円必要ですが，この学校で実施される定期試験（前期・後期）に合格すると，中央大学の当該科目のレポートが4本（前期2本・後期2本）免除となります。
> また語学・教養科目は専門学校での単位が換算され中央大学の卒業単位として認定されます。
> 中京地区の在住者で，中央大学のレポートなどが独学では難しい，という人は検討してみてはいかがでしょうか。この専門学校で中央大学とのダブルスクールを受講できる学科（法律科4年課程）の入学定員は40名となっています。
>
> 中京法律専門学校　住所　愛知県名古屋市東区徳川町1804

②　日本大学通信教育部文理学部文学専攻（英文学）

　英語と英文学の勉強が手軽にできるので，日本大学の通信教育部で文学専攻（英文学）に入学したことがあります。英文学の勉強をするのは初めてでしたが，通信制大学に関しては中央大学の経験もあり，レポート・試験とも順調に合格しました。スクーリングでは古英語というとても興味深い授業を受けました。英語の勉強にはいろいろな方法がありますが，大学の通信教育を利用すると自分の生活のリズムの中で勉強することができるので，やりやすい面があります。日本大学は図書館などの設備が充実していて，スタッフの対応も丁寧で1年ほど続けました。卒論のゼミにも参加しましたが，英文学や英語学の勉強も一通りやったような気がしたことから，日本大学を中退して，慶應義塾大学の通信課程に移ることとしました。通信制大学は選択の幅が広い上，途中で他の大学に移ることも容易なので，いろいろなライフステージでいろいろな目的に合わせて入学することができるはずです。

　日本大学は，通信課程が充実していて，法学部（法律学科・政治経済学科）文理学部（文学専攻・哲学専攻，史学専攻），経済学部（経済学科），商学部（商業学科）と4学部が開講しています。高校を卒業して，すぐに入学する学生も多く，かなり丁寧な勉強の指導を行っています。組織が大きいことから，

全国に学習センターを設置しているなどシステムが整っていて，若い人には特にお勧めの通信制大学です。

③ 慶應義塾大学（通信教育課程）文学部の場合

私は2012年10月に，いままでまったく勉強したことのない歴史の勉強をするために，慶應義塾大学（通信教育課程）文学部2類（史学）に3年次編入しました。入学の目的は仕事のためということではなく，若い時に勉強してみたかった科目がたくさんあったということで，趣味的なものでした。慶應義塾大学の通信教育課程の文学部は，1類（哲学），2類（史学），3類（文学）の3つに分かれています。2類に3年次編入した場合，2類に属する科目を28単位履修すれば，残りの40単位は，1類ないし3類に属する科目でもよいことから，広い範囲の勉強をすることができます。中央大学の法学部では，3年次編入の場合は法律学以外の科目は1つもありませんでした。また日本大学の文学専攻（英文学）では英文学と英語学しかありませんでした。その点，慶應義塾大学の文学部は，専門科目においても，社会学，心理学，美術史，教育学，歴史学，考古学，人類学，英語学，各国の文学などと大変多彩です。さらに最近は，法学概論まで入っています。いままで勉強したことのないような領域の勉強で，スクーリングにおいては，その道の専門家の話をいろいろと聞くことができ，とても意義深いものでした。

単位を取る作業としては，中央大学・日本大学と同様にまずレポートの作成です。文学部の領域の勉強のための本は，法学と異なり，原則として地元の公立図書館でほとんどの場合，こと足ります。課題集に提示してある参考書などを4～5冊入手して，テキストを読んだ後に課題の箇所に関連する情報を分析して，レポートを作成するという形です。すでに慣れていたこともあり，慶應義塾大学ではレポートが不合格になるということはあまりありませんでした。慶應義塾大学も大学公認の勉強会組織が全国各地にあります。私は中央大学の時と同様に，この組織には入らず，勉強会組織が作成しているホームページなどに掲載されている勉強の仕方などを参考にして，作業を進めました。慶應義塾大学は中央大学と異なり，レポートと科目試験で単位を取る科目と，スクーリングで単位を取る科目に分かれています。私は両方の科目を履修して，今度

は趣味の要素が強かったこともあり，4年ほど時間をかけて卒業単位を取りました。

下の写真は，スクーリング受講の時に撮影したものです。

2016年8月　スクーリング登校風景（日吉キャンパス）

2016年8月　スクーリングの教室（日吉キャンパス）

次に卒論に関して説明します。私は卒論のテーマは入学する前から決めていました。幕末に徳川昭武（第15代将軍・徳川慶喜の弟）の随員として，1867年のパリ万博を見学し，帰国後に第一銀行など多くの企業を創設した渋沢栄一に関するものです。私の場合，このテーマを論文にまとめるために慶應義塾大学の文学部に入学したともいえます。入学してから卒論のテーマを決めるということでも構わないと思いますが，勉強してみたい領域の分野で入学する場合は，卒論テーマは入学する前に，ある程度決まっているはずです。

私は別の用事でパリを訪問した際に，渋沢栄一らが宿泊したホテルや下宿を撮影し，卒論に使用しました。下の写真は，論文指導（ゼミ）を受けているところです。右から2番目が井奥教授で，右から3番目が私です。

2016年11月論文指導（文学部井奥教授室）

慶應義塾大学の論文指導はゼミ形式で年2回行われます。ゼミでは学生同士の討論も交え，大変丁寧な指導が行われます。

第15章

私立大学通信教育協会に加盟等の通信制大学

通信制大学の場合，科目試験の会場が全国にあることも多く，希望する学科などがあれば，遠方の大学に入学することも十分可能だと思います。現に，大阪の大学で，スクーリング用のサテライトキャンパスを東京に確保するなどして，東京の学生が一度も大阪に行くことなく卒業できる体制となっているところもあります。その意味で，地元以外の大学も選択肢に入ります。各大学の特徴を下記のようにまとめたので参考としてください。

私立大学通信教育協会加盟等の通信課程を有する大学のリスト（4年制の37大学）

住所は原則として通信教育部のもの。
学費は正規課程に1年次で入学した場合。また原則としてテキスト，スクーリング代が別途必要。
取得可能な資格は入学学科・取得単位などの条件がある。
学費など変更される場合もあり，記載内容は各大学のホームページで確認のこと。

北海道,東北,関東地区

① 北海道情報大学

住所:北海道江別市西野幌59番2 (東京に連絡事務所あり)

学部:経営ネットワーク学科,システム情報学科

学費:入学金/3万円,授業料/年12万円

取得可能資格:高等学校教諭1種免許状(情報)(商業)(数学),中学校教諭1種免許状(数学)

スクーリング:地方スクーリングは,全国の14か所の会場で各会場年間3科目程度をそれぞれ金,土,日の3日間の日程で実施。夏期スクーリングは,本学,東京,名古屋,大阪と福岡で実施。

特徴:インターネットメディア授業がスクーリング単位となる(スクーリングなしで卒業可)。科目試験は全国18か所で実施。必修科目がないので,学びたい科目だけで卒業可能。

② 東北福祉大学

住所:宮城県仙台市宮城野区榴岡2-5-26

学部:総合福祉学部(社会福祉学科,福祉心理学科)

学費:入学選考料・入学金/4万円,授業料・設備費/年13万円

取得可能資格:社会福祉士国家試験受験資格,精神保健福祉士国家試験受験資格,認定心理士,幼稚園教諭免許状(特例),保育士資格(特例)など

スクーリング:オンデマンドを含めさまざまな形態が用意されている。

特徴:生涯教育機関として幅広い年齢層の人々の入学を希望している。

③ 慶應義塾大学

住所:東京都港区三田2-15-45

学部:文学部,経済学部,法学部

学費:入学選考料・入学金/3万円,授業料/年8万円,教材費/2万円

取得可能資格：教員免許状

スクーリング：東京，大阪，地方，Eスクーリングを実施。

特徴：伝統校，卒論指導体制が充実している（少人数のゼミが年2回ある。総合大学の強みもある）。中高年の人たちも多く受講している。

④ 中央大学

住所：東京都八王子市東中野742-1

学部：法学部

学費：入学選考料・入学金／3万円，授業料／年8万円（一部科目のテキスト代を含む）

取得可能資格：なし

スクーリング：全国主要都市とオンデマンドで実施。

特徴：スクーリング費用がリーズナブル（夏期＝6,000円／科目）。レポートとスクーリングの組み合わせで単位を取得できる。

⑤ 法政大学

住所：東京都千代田区富士見2-17-1

学部：法学部（法律学科），文学部（日本文学科，史学科，地理学科），経済学部（経済学科，商業学科）

学費：入学選考料・入学金／4万円，授業料／年8万円（一部科目のテキスト代を含む）

取得可能資格：教員免許状，測量士補申請資格（地理学科）

スクーリング：東京（市ケ谷）および全国5都市で実施。メディアスクーリングも充実。

特徴：図書館など施設が充実。科目試験が各回全国20都市で年8回実施される。2016年度は法政大学大学院への進学者が19名いた。

⑥　産業能率大学

住所：東京都世田谷区等々力6-39-15

学部：情報マネジメント学部

学費：入学選考料・入学金／4万円，授業料／年18万円（テキスト・スクーリング代込み）

取得可能資格：なし

スクーリング：スクーリングは平日休む必要がない土日2日間で完結。大学3年次編入学の場合，入学資格によりスクーリングの受講不要。スクーリングの受講は追加費用なし。全国各地で300本以上開講（2017年度予定）。

特徴：3年次編入者の標準学習期間での卒業率が69.6％と高い。科目試験が全国40都市で年6回実施される。スクーリングと同じ内容を自宅で視聴できるiNet授業実施。

⑦　東洋大学

住所：東京都文京区白山5-28-20

学部：文学部（日本文学文化学科），法学部（法律学科）

学費：入学選考料・入学金／3万円，授業料／年10万円（テキスト・スクーリング代込み）

取得可能資格：教員免許状，図書館司書など

スクーリング：追加費用なし。多様な形態で実施。

特徴：ティーチングアシスタント制度による学習相談会を定期的に実施。学費が安い。

⑧　日本大学

住所：東京都千代田区九段南4-8-28

学部：法学部（法律学科・政治経済学科），文理学部（文学専攻（国文学・英文学）・哲学専攻，史学専攻），経済学部（経済学科），商学部（商業学科）

学費：入学選考料・入学金／4万円，授業料／年10万円

取得可能資格：教員免許状，学芸員など

第15章　私立大学通信教育協会に加盟等の通信制大学　　147

スクーリング：夜間・地方スクーリングを含め多彩に実施。

特徴：全国に学習センターを設置し，学修サポート体制が充実。若い学生が比較的多い。市ヶ谷駅に近い通信教育の大型独立施設を有する。

⑨　放送大学

住所：千葉県千葉市美浜区若葉2-11（本部）

学部：教養学部教養学科の1学部1学科6コース制（生活と福祉・心理と教育・社会と産業・人間と文化・情報・自然と環境）

学費：入学金／24,000円（全科履修生），授業料／放送授業は，1科目（2単位）11,000円でテキスト代込み，面接授業は1科目（1単位）5,500円，オンライン授業は1科目（1単位または2単位）5,500円または11,000円

取得可能資格：認定心理士，教員免許状など

スクーリング：全国で3000クラス以上開講。

特徴：主にテレビ，ラジオ，インターネットで受講する独特のスタイル。ほとんどの放送授業をインターネットでも配信している。学費が安く，半年ごとに取った科目分の授業料だけを払うシステム。約300科目と多彩な授業内容を有する。1科目から受講可能。

⑩　玉川大学

住所：東京都町田市玉川学園6-1-1

学部：教育学部教育学科

学費：入学選考料・入学金／5万円（2017年度），授業料／年12万8,800円（2017年度）（2年目以降12万7,800円）

取得可能資格：小学校教員，司書，学芸員など

スクーリング：学内・学外で年間8種類を開講。

特徴：65年の伝統と実績で質の高い教育を提供。2種教員免許状を1年で取得可能（条件あり）。

⑪　東京福祉大学

住所：群馬県伊勢崎市山王町2020-1

学部：教育学部（教育学科），心理学部（心理学科），社会福祉学部（社会福祉学科・保育児童学科）

学費：入学選考料・入学金／4万円，授業料／年14万9,000円

取得可能資格：認定心理士など

スクーリング：池袋・王子・伊勢崎・名古屋の各キャンパスで実施。

特徴：教育・保育・福祉の勉強が自由にできる。

⑫　東京未来大学

住所：東京都足立区千住曙町34-12

学部：こども心理学部，モチベーション行動科学部

学費：入学選考料・入学金／4万円，授業料／年15万6,000円

取得可能資格：幼稚園・小学校教諭1種免許状，認定心理士など

スクーリング：年8日程開講。対面とメディア授業がある。

特徴：定期試験（中間試験・単位修得試験）はすべてWeb受験。Web（インターネット）上で質問することが可能。短期間に集中して単位修得が着実にできる「2セメスター・8ターム制」等，働きながら効率よく目標を達成できるeラーニングシステムが充実。また各担当キャンパスアドバイザーが学生生活を全面的にサポートする。

⑬　聖徳大学

住所：千葉県松戸市岩瀬550

学部：児童学部（児童学科），心理・福祉学部（心理学科・社会福祉学科），文学部（文学科）

学費：入学選考料・入学金／4万円（Web出願は3万5,000円），授業料／年11万円

取得可能資格：社会福祉士国家試験受験資格，認定心理士，教員免許状など

スクーリング：夏期，冬期，春期を中心に松戸などで実施。一部科目は京都で実施。
特徴：学費が低廉。科目試験を全国27会場で，年10回実施。採用試験や国家試験対策講座を実施，高い採用・合格実績。

⑭　創価大学

住所：東京都八王子市丹木町1-236
学部：経済学部（経済学科），法学部（法律学科），教育学部（教育学科・児童教育学科）
学費：入学選考料・入学金／3万6,000円，授業料／年7万4,000円～8万9,000円（年次・学部による）
取得可能資格：教員免許状など
スクーリング：地方，eスクーリングも実施。
特徴：免許コースでは，幼稚園・小学校・中学校（社会）・高校（地理・歴史・公民）の教員免許状の取得が可能。科目試験を全国50会場で，年7回実施。レポート作成講義を4・5月の科目試験後や，スクーリング時などに実施。

⑮　帝京大学

住所：栃木県宇都宮市豊郷台1-1
学部：理工学部情報科学科
学費：入学選考料・入学金／4万円，授業料／年15万1,000円
取得可能資格：教員免許状（高校1種（情報）など）
スクーリング：宇都宮会場と板橋会場の2会場で実施。
特徴：情報科学を学ぶことができる。通信制で，理系の学士（工学）を取得できる。

⑯　日本女子大学

住所：東京都文京区目白台2-8-1
学部：家政学部（児童学科・食物学科・生活芸術学科）

学費：入学選考料・入学金／4万1,000円，授業料／年15万円
取得可能資格：教員免許状など
スクーリング：夏期，土曜，集中，夜間，通年，通学科目と多様な形態を用意。
特徴：実践的な総合科学として家政学の児童，食物，住居，被服に関する専門科目を設置。

⑰　明星大学

住所：東京都日野市程久保2-1-1
学部：教育学部（教育学科），小学校教員，教科専門（国語），教科専門（社会），教科専門（数学），教科専門（理科），教科専門（音楽），教科専門（美術），教科専門（英語），特別支援教員，子ども臨床，教育学の各コース
学費：入学選考料・入学金／4万円，授業料／年10万8,000円
取得可能資格：教員免許状（幼稚園・小学校・中学校・高等学校・特別支援学校）など
スクーリング：5月，6月，7月，夏期，10月，12月，1月，3月に開講。
特徴：各種教員免許状が取得できる。

⑱　早稲田大学

住所：埼玉県所沢市三ケ島2丁目579-15
学部：人間科学部（人間環境科学科，健康福祉科学科，人間情報科学科）
学費：入学金／20万円，授業料／1単位3万5,200円
取得可能資格：特になし
スクーリング：体育実技や実験・実習を伴う一部の科目で実施。
特徴：スクーリングを除くほとんどの課程をeラーニングで行う日本初の通信教育課程。

⑲　武蔵野美術大学

住所：東京都武蔵野市吉祥寺東町3-3-7

学部：造形学部（油絵学科，工芸工業デザイン学科，デザイン情報学科，芸術文化学科）

学費：入学選考料・入学金／4～5万円，授業料／年28万5,000円

取得可能資格：教員免許状（中学校1種美術，高校1種美術，高校1種工芸，高校1種情報）

スクーリング：非常に密度の高い授業内容で編成され，卒業所要単位124単位のうちスクーリング30単位が必要。吉祥寺，三鷹，鷹の台の3か所で主に開講しており，一部の科目については大阪・札幌・福岡でも開講。

特徴：美術系通信教育のパイオニアとして60余年の実績を有する。

⑳　帝京平成大学

住所：東京都中野区中野4-21-2

学部：現代ライフ学部（経営マネージメント学科）

学費：入学選考料・入学金／3万円，授業料／年8万円

取得可能資格：教員免許状，司書，学芸員など

スクーリング：2013年度に開設した中野駅から徒歩9分の中野キャンパスで，夏期・春期・前期週末・後期週末の年間4回開講。

特徴：各種教員免許が取得できる。司書課程専任教員が常時勤務し，資格取得をサポートする。資格取得に必要な科目を履修する科目等履修生制度がある。

㉑　星槎大学

住所：神奈川県足柄下郡箱根町仙石原817-255　箱根キャンパス（横浜に事務所あり）

学部：共生科学部（共生科学専攻，初等教育専攻，福祉専攻，スポーツ身体表現専攻）

学費：入学選考料・入学金／4万円，授業料／5,000円／1単位

取得可能資格：幼稚園教諭1・2種，小学校教諭1・2種，中学校教諭（社会）1・2種，中学校教諭（保健体育）1・2種，高等学校教諭（公民）1種，高等学校教諭（保健体育）1種，特別支援学校教諭（知的障害者・肢体不自由者・病弱者）1・2種，社会福祉士（国家試験受験資格），社会福祉主事任用資格，支援教育専門士，教育カウンセラー，AS（自閉症スペクトラム）サポーター

スクーリング：全国約20か所の会場で実施。開講科目により，好きな会場で受講可。

特徴：共生科学部のみの1学部制で，「人と人との共生」，「人と自然との共生」，「国と国との共生」の3つの観点から学んでいく。専攻の枠を超えて，教育学，福祉学，環境学，国際関係学などを横断的に学ぶことができ，さまざまな価値観に触れながら，生涯を通して学び続けることができる。履修する単位分のみの学費設定，また在籍年限もないことから，自分のペースで学べることも特長の1つ。

東海，関西，山陽地区

㉒　日本福祉大学

住所：愛知県知多郡美浜町奥田
学部：福祉経営学部（医療・福祉マネジメント学科）
学費：入学選考料・入学金／4万円，授業料／基本授業料3万1,500円＋5,400円／1単位
取得可能資格：社会福祉士国家試験受験資格
スクーリング：全国18都市で土曜，日曜に開講。
特徴：オンデマンド科目が充実。

㉓　愛知産業大学

住所：愛知県岡崎市岡町原山12-5
学部：造形学部（建築学科）
学費：入学選考料・入学金／5万円，授業料／年25万6,000円（スクーリング費用を含む）
取得可能資格：1級・2級・木造建築士受験資格
スクーリング：土・日・祝日，連休をはじめ平日（水曜スクーリング）も開講。

特徴：建築設計や都市・環境デザイン，インテリア学など設計力やデザイン力を養う科目を含め，造形学部ならではのカリキュラムを展開。

㉔　中部学院大学

住所：岐阜県関市桐ヶ丘二丁目1番地
学部：人間福祉学部（人間福祉学科）
学費：入学選考料・入学金／3万円，授業料／基本授業料／年3万1,000円＋5,000円／1単位
取得可能資格：社会福祉士国家試験受験資格など
スクーリング：週末などに，名古屋を中心に6か所で実施。
特徴：福祉社会に貢献し得る人材養成および生涯学習機会を提供。

㉕　奈良大学

住所：奈良県奈良市山陵町1500
学部：文学部（文化財歴史学科）
学費：入学選考料・入学金／3万円（3年次編入は3万5,000円），授業料／年19万円
取得可能資格：学芸員
スクーリング：キャンパスに加え，世界遺産の宝庫奈良の街を巡り，生きた資料に触れる学外授業も実施。
特徴：各時代の歴史遺産や文化財の歴史をひもときながら，日本を中心とした歴史学・文化財学を修得できる。在籍者の約4割が関東圏在住，約5割が60代（男性50～80代の学生が8割，女性40～70代の学生が8割）。

㉖　京都橘大学

住所：京都府京都市山科区大宅山田町34
学部：健康科学部（心理学科）
学費：入学選考料・入学金／4万円，授業料／年28万円

取得可能資格：認定心理士
スクーリング：大学キャンパスで，週末実施。
特徴：臨床心理学領域をはじめ，社会・産業心理学領域，発達・教育心理学領域，行動神経科学領域などをインターネットで学ぶ。

㉗ 京都造形芸術大学

住所：京都府京都市左京区北白川瓜生山2-116
学部：通信教育部芸術教養学科，芸術学科（芸術学コース・歴史遺産コース・文芸コース・和の伝統文化コース），美術科（日本画コース・洋画コース・陶芸コース・染織コース・写真コース），デザイン科（情報デザインコース・建築デザインコース・ランドスケープデザインコース・空間演出デザインコース）
学費：入学選考料・入学金／5万円，授業料／芸術教養学科 年17万円，芸術学科 年23万1,000円，日本画・洋画コース 年27万7,000円，陶芸・染織コース 年30万円，写真コース 年32万3,000円，デザイン科 年32万3,000円
取得可能資格：学芸員，教員免許状，建築士（1・2級）試験受験資格
スクーリング：京都，東京で週末（一部金曜）実施
特徴：京都と東京にキャンパスがある。芸術教養学科はインターネットだけで卒業できる。

㉘ 大阪学院大学

住所：大阪府吹田市岸部南二丁目36番1号
学部：商学部（商学科）
学費：入学選考料・入学金／1万8,000円，授業料／年4万5,000円
取得可能資格：教員免許状
スクーリング：夏期第Ⅰ期・夏期第Ⅱ期・秋期・冬期等それぞれ大学キャンパスにて6日間実施。
特徴：大阪学院大学の全学部の配当科目からカリキュラムが構成され，間口が広く奥行きの深い専門教育を受けられる。学費が安い。

㉙　近畿大学

住所：大阪府東大阪市小若江3-4-1
学部：法学部（法律学科）
学費：入学選考料・入学金／3万円，授業料／年7万円
取得可能資格：図書館司書
スクーリング：週末，夜間，夏季スクーリングを全国で実施。
特徴：通信教育部卒業生のインストラクターに相談できる学習センター設置。大学入学資格認定コース（特修生）がある。

㉚　神戸親和女子大学

住所：兵庫県神戸市中央区三宮町1-9-1-908　センタープラザ9F
学部：児童教育学科，福祉臨床学科（男女共学）
学費：入学検定料・入学金・授業料／19万5,000円（テキスト代・スクーリング代・資格登録料は別途）
取得可能資格：幼稚園教諭1種免許，小学校教諭1種免許，保育士，特別支援学校教諭1種免許，社会福祉士国家試験受験資格，社会福祉主事任用資格
スクーリング：鈴蘭台キャンパス，または三宮サテライトキャンパスで夏期，土日等に実施。
特徴：教育・福祉の分野が求める人材の育成と輩出に，実績を誇る。

㉛　佛教大学

住所：京都府京都市北区紫野北花ノ坊町96
学部：仏教学部，文学部，歴史学部，教育学部，社会学部，社会福祉学部
学費：入学金／3万円，授業料／年14万5,000円
取得可能資格：浄土宗教師資格，教員免許状，社会福祉士国家試験受験資格，保育士
スクーリング：春期・冬期は週末，夏期は平日を中心に大学キャンパスで開講。一

部の科目は，夜間や学外でも開講。
- 特徴：大学6学部10学科を開設。一人ひとりの目的に合わせて多彩な研究領域をカバー。在籍者は全国各地におり，10代から90代までの幅広い年齢層の学生が学んでいる。

㉜　大阪芸術大学

- 住所：大阪府南河内郡河南町東山469
- 学部・学科：美術学科，デザイン学科，建築学科，写真学科，文芸学科，音楽学科，初等芸術教育学科
- 学費：入学選考料・入学金／4万円，授業料／年20万円
- 取得可能資格：中学・高等学校教諭1種，幼稚園・小学校教諭1種，学芸員など
- スクーリング：主に夏期（7月中旬〜9月上旬），冬季（12月中旬〜3月上旬）に開講。演習や実技が中心。
- 特徴：同じ志を持った仲間と交流する機会がある。

㉝　大手前大学

- 住所：兵庫県西宮市御茶家所町6-42
- 学部・分野：現代社会学部（現代社会学科）・3分野（心理学メジャー，ビジネス・キャリアメジャー，ライフデザインメジャー）を有する。
- 学費：入学金／3万円，授業料／年31万6,000円（教材，スクーリング，単位修得試験費用込），在籍料／年2万4,000円
- 取得可能資格：認定心理士，日本語教員など
- スクーリング：全国7会場で実施。
- 特徴：オンラインのみでの卒業も可能。必修科目がなく，全科目完全自由選択制。

㉞　環太平洋大学

- 住所：岡山県岡山市東区瀬戸町観音寺721番地

学部：教育経営学科

学費：入学金／3万円，授業料／年12万円

取得可能資格：幼稚園教諭1・2種，小学校教諭1・2種，中学校教諭1・2種（英語），高等学校教諭1種（英語）

スクーリング：全国の5都市にて，土日祝などの3連休や夏季に3日間で開講。

特徴：電話やメールで相談に応えてくれるスタッフがいる。大学入学資格認定コース（特修生）がある。

㉟　**姫路大学**

住所：兵庫県姫路市大塩町2042-2

学部：教育学部（こども未来学科）

学費：入学選考料・入学金／4万円，授業料／年13万円

取得可能資格：幼稚園教諭1種免許状，小学校教諭1種免許状，養護教諭1種免許状，保育士など

スクーリング：大学の施設（兵庫県姫路市大塩町）において，夏期（8～9月），春期（2～3月）に集中的に開講。

特徴：未来を担う子どもたちの豊かな成長をサポートできる人材を育成。大学入学資格認定コース（特修生）がある。

㊱　**吉備国際大学**

住所：岡山県高梁市伊賀町8

学部：心理学部（子ども発達教育学科）

学費：入学検定料／1万円，授業料／年12万円（教科書代などを含み取得資格による）

取得可能資格：保育士，幼稚園教諭1種免許状，小学校教諭1種免許状，社会福祉主事任用資格など

スクーリング：土曜，日曜に岡山駅前キャンパスまたは岡山キャンパスないし地方会場で実施。

特徴:子どもの成長発達にとって望ましい具体的な援助ができる人を養成。

九州地区

㊲　九州保健福祉大学

住所:宮崎県延岡市吉野町1714-1

学部:社会福祉学部(臨床福祉学科)

学費:入学金／3万円,授業料／年15万5,000円

取得可能資格:社会福祉士国家試験受験資格,社会福祉主事任用資格,認定心理士,高等学校教諭1種免許状(福祉)

スクーリング:九州を中心に全国5か所に設置しており,大学キャンパス(宮崎)でなくても大半のスクーリングを受けることができる。

特徴:福祉系,心理系を非常に充実させ,カウンセリングに強い臨床ソーシャルワーカーの養成に力を入れている。

> 参考1

個別の事項をもっと詳しく調べる時に活用できる
サイト・資料

① 各大学院の合格率
「大学入学情報図書館RENA」のサイト
http://www.rena.gr.jp/surveys/ninzu/m.html#2

② 各大学院の教育内容，入学体験記
『社会人の大学院2017』（日本経済新聞出版社，2016年7月）

③ 研究計画書の書き方
飯野一・佐々木信吾『国内MBA研究計画書の書き方』（中央経済社，2003年7月）

④ 公認会計士，税理士試験の科目免除について
会計専門職大学院に行こう！編集委員会編『会計専門職大学院に行こう！』（創成社，2015年11月）

⑤ 社会人大学院の実態（アンケート調査）
文部科学省「社会人の大学等における学び直しの実態把握に関する調査研究」
http://www.mext.go.jp/a_menu/koutou/itaku/1371459.htm

⑥ 大学院の概要を確認できる検索サイト
大学&大学院.net
https://www.keikotomanabu.net/college/

参考2

日本のベンチャー企業と起業した㈱ゲノム創薬研究所

（本稿は，千葉商科大学経済研究所View & Vision誌（2012年9月34号）にて発表した論文を加筆修正したものです。）

1．日本のベンチャー企業の問題の所在

　我が国が経済成長を続けるためには，大学などの研究機関において開発された最新技術を知的財産として活用・事業化して，国際競争力を高めることが求められる。2002年に知的財産戦略会議（総理大臣開催）が公表した『知的財産戦略大綱』は，「我が国が世界の中で確固たる地位を占め続けられるよう，知的財産立国の実現を国家目標と定め，この目標に向けた総合的な施策を一刻も早く断行することが必要である」とした。その後10年ほど経過し，知的財産立国の実現は順調に進展しているのであろうか。かつての日本の花形産業であった家電あるいは半導体のメーカーなどの最近の状況を見ると，知的財産立国の実現はむしろ遠ざかっているように思われてならない。

　また同大綱は，特に「創造された知的財産を製品・サービスとして事業化し，社会での有効な活用を進めるためには，事業の担い手である中小・ベンチャー企業や個人による知的財産の活用を支援することが必要である」と指摘した。知的財産立国の実現には，最新技術をベンチャー企業などがリスクを取って事業化して，新しい産業を興す仕組みが欠かせないと考えられる。しかし，大学発ベンチャーの設立社数は，近年減少を続けている。またベンチャーキャピタルによる投融資額は，近年低迷を続け[1]，その原因ともなっているIPO社数の減少は，顕著である。このような

---

[1] 財団法人ベンチャーエンタープライズセンター［2011］，を見ると，米国のベンチャーキャピタルの投資総額は減少していないのに対し，日本では，2006年度が2,790億円，2009年度は875億円と大きく減少している。

状況を見ると，日本のベンチャー企業の育成による技術立国の進展は順調でないことが窺える。

そこで，本稿では，ベンチャー企業はいかにして，独自技術を育て，事業化を図るべきかを著者らが起業したベンチャー企業[2]をモデルケースとして検証する。

2．著者が起業した大学発のベンチャー企業の場合

当社は東京大学大学院薬学系研究科発のベンチャー企業として創業され，現在は，帝京大学医真菌センターとの産学連携企業として，両大学で開発された革新的な技術の事業化を行っている。例えばカイコ幼虫の実験動物としての有効性に10年以上前から着目し利用するなど，高度で独自な創薬技術を開発して，革新的なサービスないし薬剤の候補物質を医療現場ないし製薬会社などに提供している。開発している技術内容は，下記がその代表的なものである[3]。やや薬学の専門的な内容も含まれるが，高度でイノベーティブな独自技術の開発に取り組んでいる状況が窺えるはずである。

A．カイコを実験動物として利用して，開発された革新的な技術

カイコは，その外見からは想像できないほどヒトと近似した実験データを提供してくれる優れた実験動物であると言える。当社では，つぎのような研究モデルを開発している。

① 細菌感染症モデル

カイコは，ヒトの病原性細菌によって殺傷され[4]，抗生薬剤の投与により延命する。さらに，抗生薬剤が有効に治療効果を表す体重1グラムあたりの量も良く一致する[5]。この発見に基づく細菌感染症モデル（図1）により非常に多くの土壌細菌由来の天

---

2 ㈱ゲノム創薬研究所（ホームページ：http://www.genome-pharm.jp/）を2000年に創業した。当社の設立理念は，関水和久・関水信和［2002］，17-21ページが詳しい。
3 東京大学が当社との共同研究で，世界で初めて開発した技術で，当社が事業化を図っているもので，基本技術は，全て当社の単独ないし大学などとの共有特許となっている。
4 Kaito, C., Akimitsu, N., Watanabe, H. and Sekimizu, K.［2002］
5 Hamamoto, H., Kurokawa, K., Kaito, C., Kamura, K.,Manitra Razanajatovo, I., Kusuhara, H., Santa, T. and Sekimizu, K.［2004］

然物あるいは化合物ライブラリーの化合物から有効な抗生物質の候補剤を探索する事業（医薬基盤研究所より基礎研究事業として認定され助成金を獲得）を展開している。

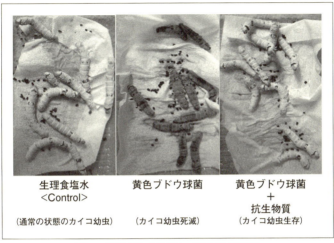

図1　細菌感染症モデル（抗生剤の探索）

　この事業において当社は東京大学と共同で，有望な化合物（候補薬剤）を発見し，カイコシン（現ライソシン）と命名した。このカイコシン（現ライソシン）は，これまでの抗生物質とは全く異なり，1分以内にほとんど全ての黄色ブドウ球菌感染を除菌するなど，非常に速い殺菌活性を有している。また治療薬として利用されるバンコマイシンに比べて，抗菌活性はやや低いにもかかわらず，治療活性が高く，感染させた菌数を増やしても治療成績が変わらないという優れた特徴を有している。また，毒性も低く，安全性も高い。細菌に対する作用標的も全く新しいことが判明している。このように，これまでにない新規抗生物質として臨床応用できるポテンシャルを有している化合物を発見し開発している。

② 糖尿病（高血糖）モデル

　餌にグルコースを混ぜてカイコに与えると血糖値が上昇するが，ヒトのインシュリンを投与することにより上昇を抑えることができる（図2）。この時に，カイコの成長阻害も観察されるが，やはりインシュリンによって回復する（図3）。当社は東京大学と共同で，このモデルを利用して，血糖降下物質の探索を行っている。カイコの高血糖状態は，インシュリンのみならず，メトホルミン（日本人に多いⅡ型糖

尿病の治療薬）によっても改善される。

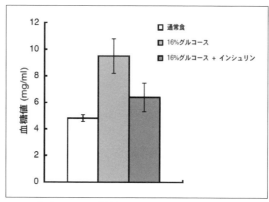

図2　グルコースの摂食による血糖値の上昇とヒト・インシュリンの血糖降下作用

さらに，餌に含まれるグルコースの濃度に依存してカイコの成長阻害が起こる（図3）。この成長阻害は，ヒト・インシュリンにより回復する[6]。

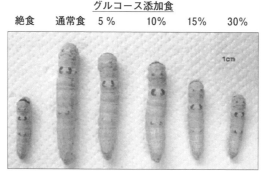

図3　グルコースの摂食によるカイコの成長阻害

これらの技術を利用して，当社は東京大学と共同で，血糖降下作用物質の分離精製に成功し，哺乳動物での有効性を検証している[7]。そして当社は，糖尿病の治療薬の

6　Matsumoto, Y., Sumiya, E., Sugita, T., Sekimizu, K. An invertebrate hyperglycemic model for identification of anti-diabetic drugs. PLoS ONE 30; 6 (3):e18292 [2011]
7　このモデルは，学会でも高く評価され（専門誌PLoS ONEに論文掲載），2011年9月14日付けの日経産業新聞の記事において，「東京大学とバイオベンチャーのゲノム創薬研究所はカイコの幼虫の血糖値を制御することに初めて成功した」と取り上げられた。

開発を目指して，この系で治療効果を示す新規の化合物の探索事業を行っている[8]。

③ **自然免疫活性化試験モデル**

　自然免疫が活性化するとカイコの筋肉が収縮し，食品などの検体に含まれる免疫活性物質の量をこの筋肉の収縮率を測定することで，評価することができる[9]。この発見に基づいて，カイコの筋収縮を指標として自然免疫を高める物質の探索系を開発した（図4）。自然免疫は獲得免疫によらない免疫系で，抗体が産生されるよりも速く，ウイルスや細菌，がん細胞などを排除する。この系を利用して自然免疫活性化能が高いと評価されている農産物や食品には抗ウイルス活性が検出された。従来より動物の培養細胞などを利用して，食品などの免疫活性を評価する技術は，存在していた。しかし，実験動物個体で評価しないと，食品などの体内における吸収，分布，代謝，排泄（ADME）は評価できないという決定的な問題点を有していた。この点，このカイコを利用した試験モデルは，実験動物個体を利用したもので，よりヒトが摂取した食品などの効果を正確に評価することができる。

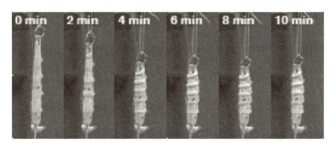

図4　自然免疫活性化による筋収縮

　当社では，この系を利用して，食品会社などと機能性食品の共同研究ないし受託研究を行っている。この共同研究の成果の一つが福島に拠点をおく東北協同乳業株式会社と開発した11/19-B1乳酸菌ヨーグルトである。福島県で原発事故による風評被害に苦しむ地域酪農乳業の復興に取組んでいる東北協同乳業の要請を受け，2013年2月共同研究を開始，「11/19-B1乳酸菌ヨーグルト」が誕生した。幸い好調な販

8　当社は2010年より農林水産技術会議事務局長からの委託を受けた独立行政法人農業生物資源研究所が実施する「カイコによるヒト・動物用医薬品の開発委託事業」に参加し，研究助成を受けて，研究を行っている。

9　Ishii, K., Hamamoto, H., Kamimura, M. and Sekimizu, K. [2008]

売が続いており，復興庁主催の「新しい東北復興ビジネスコンテスト2015」で優秀賞を受賞した。

「11/19-B１乳酸菌ヨーグルト」のチラシ

B. 遺伝子工学を応用した新しい創薬技術

当社では，遺伝子工学などの基礎技術も蓄積し，事業化推進に役立てている。以下がその一例で，抗菌薬の細菌に対する作用メカニズムを分析する技術である。

抗菌薬は有害微生物を殺菌ないし生存不能にして，感染症の治療を行う。その抗菌薬の作用部位ないし有害微生物に対する作用メカニズム（作用機序）は，従来容易には解明することが難しいとされていた[10]。現に利用されている抗菌薬に解明が十分されていないものも存在する。しかし，この作用メカニズムの解明は，抗菌薬を開発ないし改良するために大変重要な要素となる。当社は永年培った創薬技術に，昨年，東京大学と共同で開発した遺伝子工学の技術を組み合わせることにより，この抗菌薬の作用メカニズムを比較的短時間に確実に解明する技術を開発することに

---

[10] 薬剤の標的を決めることが極めて難しい原因として，細菌の増殖抑制に直接寄与する標的分子ではない，メカニズム（例えば薬剤排出トランスポーター）を獲得する薬剤耐性菌の存在が挙げられる。

成功し，特許申請した。この薬剤の病原菌に対する作用メカニズムの解明により，「病原菌にのみ作用する」好ましい効果と「副作用をもたらす」などの好ましくない効果が開発の早い段階で判明するので，薬剤の探索・開発・実用化に対し，貴重な情報を提供することとなる。さらにこの技術により得られる作用メカニズムの情報は，薬剤としての承認を得るためにも極めて有用なものとなる。

　この技術は，大手の製薬メーカーにも高く評価され，当社は共同で作用メカニズムを解明して抗菌薬の開発を行うプロジェクトを複数展開している。

C. 実験動物として有望なカイコの将来性

① 動物（マウスなど）愛護の観点

　実験動物のマウスなどの利用は動物愛護のために制限されつつあり，実験動物としてのカイコの有用性は増している。

　安全で効果のある薬剤などの開発に動物実験は不可欠とされている。日本では薬学・医学の研究目的のために少なくとも年間に421万匹のマウスに加え，ラット，モルモット，ウサギ，イヌ，ネコ，サルなどの哺乳動物を合計で614万匹も利用している[11]。

　実験動物を含めた人が飼育する全ての動物は，昭和48年制定の「動物の愛護及び管理に関する法律」により，取扱いが定められている。同法律の基本的な考え方は，「動物が命あるものであることにかんがみ，何人も，動物をみだりに殺し，傷つけ，又は苦しめることのないようにするのみでなく，人と動物の共生に配慮しつつ，その習性を考慮して適正に取り扱うようにしなければならない」（第2条）というものである。使用する動物数と動物の苦痛を最小限に留める必要がある。同法律において，保護されている動物とは背骨を有する動物（脊椎動物）と解される[12]。よって，当社が利用している昆虫（無脊椎動物）であるカイコ幼虫は，同法律が保護している動物ではない。従来利用されていたマウスによる実験の一部をカイコに置き換えることは，同法律の趣旨からして，動物愛護に適うと思われる。

11　社団法人日本実験動物協会［2011］，4ページの平成22年度実験動物販売数のデータより算出。
12　大野［2005］，325ページは，「ここで言う動物とは意識を持ち，生きている脊椎動物を意味する」としている。

当社では，カイコ幼虫を利用することにより，マウス（実験動物としては小型な哺乳類）の利用を削減し，動物愛護の問題を改善し，同時に開発費を抑え，既述のカイコシン（現ライソシン）を含めたいくつかの有効な化合物を発見することに成功している。当社では，カイコ幼虫の利用によりマウスの利用を大幅に抑えることが可能となっている。このことから，費用を削減することもできる上，動物愛護の観点からも，以前より，製薬会社，研究機関などに，当社のカイコ関連の技術の利用を検討することを薦めている。

　欧州ではさらに厳しい規制（欧州化粧品指令7次改正）が2003年に出され，近い将来，動物実験により開発された化粧品は，EU域内では販売できないこととなる。これは世界的な潮流であり，近い将来，動物実験代替法ないし動物愛護の対象とはならない生物の利用がさらに注目されることとなるはずである。この点，カイコ幼虫は，安価で遺伝的にも個体差が少ないという利点を有する上，日本には優れた飼育技術の蓄積があり，「動物の愛護及び管理に関する法律」の規制外の実験動物として大変有望視できる。

② **実験動物としてのカイコの規格化の試み**

　カイコは当社が開発したモデルに利用することができる科学的に優れた実験動物である。さらに，動物愛護の問題もなく，安価で，サンプルも少量となり，飛ばないことから逃げる心配もなく，大変利用価値が高いと言える[13]。このカイコを利用する技術は，過去に一定期間，大手製薬会社も薬剤の開発に利用（当社がライセンスアウト）し，研究成果を上げた実績もある。最近は，さらに本格的に利用したいとの製薬会社の要望も増えている。実験動物としてのカイコの唯一の欠点は，公的に規格化されていないところである。規格化されていない実験動物による実験データは，そのままでは自社以外では利用できない。特に薬剤を開発する過程の公的なデータとはならない。しかし，カイコの飼育には日本の独自技術も多く，当社技術は衰退しつつある養蚕業のカイコの新しい利用法の開拓につながる。

　当社では，関係団体，関係当局などにカイコの有効性を説明し，規格化を試みている。関係各位のご努力により近々に規格化できる可能性が出てきている。

13　カイコの卵は，1個50銭ほどで，季節を問わず年中入手可能。カイコは人工飼料で飼うことができ，特別な飼育機なども不要で，実験設備，維持・人件費を含めた費用の総額は，実験スケールにもよるが，マウス利用の費用総額の1割を下回る。

3．大学発のベンチャー企業などへの提言

A．大学発のベンチャー企業の商品開発

　大学発のベンチャーには下図のように二つのタイプがある。一つ目は，図5のように，事業化には教官が深く関与せず，TLOなどから，基幹技術を導入して単一の主力商品を開発しているタイプである。原則として主力商品が完成するまでは，売上は立たないが，中には商品の開発の途中で中間的商品を開発して開発費を賄うようなケースも見受けられる。二つ目は，図6のように，事業化に発明者である教官が関与して，技術を継続的に育てるような場合である。当社はこのタイプに属している。この場合，教官が起業後も大学との共同研究を通して，基幹技術を育てて事業化を図ることとなり，研究の過程において，副次的な技術も同時並行的に事業化を推進することが検討できる。この副次的商品の中には，主力商品よりも商品化の時間が短いものも存在する。当社の場合の主力商品は，開発期間の長い薬剤であるが，関連技術を利用して，事業化が比較的に短期間である機能性食品などを開発あるいは薬剤の開発技術を他社に供与するなどして，主力商品の開発費を捻出している。

　何れのタイプにおいても，ベンチャー企業の成否は，開発資金の獲得の可否が鍵を握っている。主力商品の開発が完成して，売上に結びつくまでは，安定的な資金が確保されず，資金面において厳しい状況が続く。この期間のことを"死の谷"などと呼ぶ。当社のように技術が独自でイノベーティブであれば，あるほど市場が確立していない場合が多く，この期間が長くなる傾向にある。新しい技術の場合は，まず学会などで認められてから，商品の市場づくりから始め，商品やサービスを規格化したりするなどのプロセスに時間を要する。この期間（死の谷）を乗り切るためには，主力商品の開発の途中において，下図における中間的商品あるいは副次的商品を開発して資金を確保することが有益なはずである。このような考え方を意識せず結果的にこのような商品を開発しているベンチャー企業は，意外と多く存在する[14]。積極的に関連技術を利用して，早く商品化できるものを意識的に開発して，安定的な資金を確保すべきである。

14　価値総合研究所［2007］，56ページによると，44.3％の大学発ベンチャー企業が主力製品の技術を用い関連商品を売り上げている。

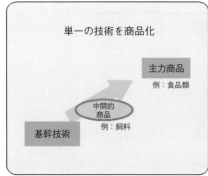 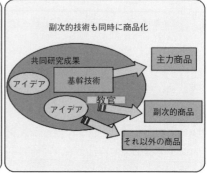

図5 教官は事業化に関与しない場合　　図6 教官が継続関与する場合

B. 資金調達先の多様化

　当社では，創業時から成長する段階あるいは研究成果が具体化する段階に応じて，いろいろな資金を獲得してきている。具体的には，まずカイコを実験動物として開発するなどの基礎研究資金は，創業資金ないしベンチャーキャピタルやエンジェルからの出資金であった。つぎに，抗生物質の開発技術（菌感染症モデル）が確立すると大型の公的助成金（2013年から科学技術振興機構ライソシン開発プロジェクト）を得て，主力商品として抗菌剤の開発に着手し，新規抗生物質（ライソシン）を発見した。この新規抗生物質（ライソシン）に関する論文は2015年「ネイチャー・ケミカル・バイオロジー」誌に掲載された。また副次的商品としての機能性食品を開発する技術（自然免疫活性化試験モデル）を開発し，機能性食品の共同研究資金を獲得したり，開発した技術を受託研究という形で他社に供与したりして，研究費を得ている。また独自に新規抗生物質の研究を推進し，開発した新規抗生物質（ライソシン）について，化学構造を決定するなどして，大手製薬会社にライセンスアウトする交渉を行っている。さらにこれらの技術に加えて，革新的な技術（遺伝子工学を応用した新しい創薬技術）に基づいて，複数の製薬会社と創薬に関する共同研究契約を締結し，研究費を獲得することと同時に，創薬プロジェクトを複数展開させている。

　当社は，創業から今日まで成長スピードの異なるビジネスを展開し，異なる資金を確保し，安定的な成長を計っている。

　創薬を始めとしたイノベーティブな業種に属するベンチャー企業においては，主

力商品の完成（売上）までに長期の時間を要する。その間において，企業を取り巻く環境がどうしても変化し，創業時に想定した形で十分な資金が調達できない場合が多い。この変化に対応して，成長を続けるためには，柔軟な経営と資金調達の多様化を図ることが重要となる。

3．まとめ

我が国が経済成長を続けるため，知財立国を目指す必要がある。そのためには，最新技術を中小・ベンチャー企業などがリスクを取って事業化して，新しい産業を興す仕組みが欠かせない。現在のところ，まだ知財立国はあまり順調には進展していないと思える。開発される技術がイノベーティブであればあるほど，事業化は容易でない。それは開発費用の増大と市場を自ら開拓する必要も時にはあるからである。

イノベーティブな技術をベンチャー企業などが事業化を行う場合は，まず開発資金の獲得が重要となる。また開発中の主要な商品以外にも，主要商品と同じプラットフォーム上の技術から開発が可能な早期に資金回収ができそうな関連商品にも着目し，そこから資金を獲得するような，堅実で柔軟性のある経営方針が望まれる。十分な開発費を確保するには，公的助成金や出資金のみに頼らず，より複数の資金源の確保が必要で，市場環境などの変化にも対応できるような経営体制の構築が必要である。

［参考2論文　参考文献］

Hamamoto, H., Kurokawa, K., Kaito, C., Kamura, K., Manitra Razanajatovo, I., Kusuhara, H., Santa, T. and Sekimizu, K. [2004], Quantitative evaluation of the therapeutic effects of antibiotics using silkworms infected with human pathogenic microorganisms, *Antimicrob. Agents Chemother.*, 48, pp. 774-779.

Ishii, K., Hamamoto, H., Kamimura, M. and Sekimizu, K. [2008], Activation of the silkworm cytokine by bacterial and fungal cell wall components via a reactive oxygen species-triggered mechanism, *J. Biol, Chem.*, 283, pp. 2185-2191.

Kaito, C., Akimitsu, N., Watanabe, H. and Sekimizu, K. [2002], Silkworm larvae as an animal model of bacterial infection pathogenic to humans, *Microb, Pathog.*, 32, pp. 183-190.

Matsumoto, Y., Sumiya, E., Sugita, T., Sekimizu, K. An invertebrate hyperglycemic model for identification of anti-diabetic drugs. PLoS ONE 30; 6 (3):e18292 ［2011］

大野泰雄［2005］,「動物実験代替法研究の重要性とその課題」(『日本薬理学雑誌』Vol.125, No.6) 325-329ページ。

価値総合研究所（経済産業省委託）[2007],『平成18年度「大学発ベンチャーに関する基礎調査」実施報告書』。

社団法人日本実験動物協会［2011］,『平成22年度実験動物の年間総販売数調査』。

関水和久・関水信和［2002］,「新しい産学共同研究モデルによるゲノム創薬事業の試み」(『臨床薬理』Vol.33, No 1)17-21ページ。

●参考ホームページ

財団法人ベンチャーエンタープライズセンター［2011］,「ベンチャービジネスと振興市場を目指すベンチャー企業の状況」
 http://www.jsda.or.jp/katsudou/kaigi/chousa/shinko_kyougi/ 2 bukai/files/ 2 bukai_110331s12.pdf

日本動物実験代替法学会ホームページ
 http://www.asas.or.jp/jsaae/kaichoaisatu.html

参考3

著者の研究業績表 (2016年12月31日現在)

著書, 学術論文等	単著・ 共著の別	発行または 発表の年月	発行所, 発表雑誌等または発表学会等の名称	概　要
(著書) 『国際私法・国際取引の諸問題』	共著 pp.73-94 を共著	2011年2月	中央大学出版部	共著者：多喜寛（中央大学教授） 国際開発金融機関の貸付協定における標準条項はどのように理解されるべきなのか，などの問題について分析・検討した。
(論文) 1.「国際訴訟における援用可能統一規則」 (査読付)	単著	2001年2月	中央大学大学院法学研究科研究年報	国際訴訟（準拠法，日本法）において，商業信用状の取引で利用される信用状統一規則などの援用可能統一規則の扱われ方を検討した。この種の統一規則は，特定の業者間で共通して適用されるとの慣習が存在しており，慣習法を形成していると言える。さらに従来の学会での議論を分析すると商法などの成文法（特に任意法）に優先して適用されることとなる。
2.「新しい産学共同研究モデルによるゲノム創薬事業の試み」 (査読付)	共著	2002年1月	臨床薬理	共著者：関水和久（東京大学教授） 国立大学の教官の研究成果を事業化するための企業設立の方法と問題点を検討した。この方法により製薬会社は，知的財産の権利化が可能となり，研究費に見合った成果が期待できる研究を大学において展開できる。教官は自分のアイデアが潤沢な研究費という形で正当に評価されることとなる。産学連携の必要性が叫ばれているが，バイオ技術による産学共同事業の具体的な方式の提案を行った。
3.「国際開発金融機関の貸付協定の『準拠法』条項について」 (査読付)	共著	2003年6月	比較法雑誌	共著者：多喜寛（中央大学教授） 世銀などの国際金融機関が加盟国などの国家主体と取り交わす契約書は国際法が規律する。しかし，国家が保証する公企業への融資協定にかかる準拠法について，国際法が適用されるとの見解もあるが国際法にそのような準則はなく，従来の抵触法的アプローチから準拠法を検討すべきとした。

4.「学生の発明と特許権に関する一考察」（査読付）東京大学産学連携本部編『産学連携ハンドブック』（25頁）が引用。	単著	2003年10月	パテント	我が国の産業の競争力をつけるために産学連携の重要性が強調されるようになり，大学の教官による発明の帰属に関する議論は盛んに行われている。ところが学生の発明に関しては，検討があまりされていない。産学連携に関する理論的な問題の検討を深めるためにも，また若手研究者の積極的な研究活動を支援するためにも，学生の発明の取扱いの問題は整理すべき重要な事項である。大学の研究室における発明が誰に属するか，という問題は明確に決められない場合も多い。しかし学生の発明と認定できるようなケースにおいては，原則として職務発明ではなく自由発明と言える。またグループに属する学生の発明については研究グループのリーダーなどによる利益調整などの議論が，大学における発明を企業に移転し，事業化しようとする場合には，必要となる。
5．研究ノート「ベンチャー・中小企業の知的財産戦略」（査読付）	単著	2007年5月	CUC Policy Studies Review	大企業ないし一般企業のための知的財産戦略に関しては，かなりの議論がなされているが，ベンチャー企業に限定し各業種に亘った知的財産戦略については，日本では，まだ十分な議論がなされていない。そこでベンチャー企業が日本よりも盛んに活動している米国ないし欧州各国における議論を検証し，ベンチャー企業の知的財産戦略を考察した。まず知的財産文化の構築が重要となる。ベンチャー企業は資金と人材が不足しており，独自技術を保護することが困難な場合が多い。また特許ポートフォリオを持たないことから，訴訟に巻き込まれ易く，巻き込まれにくくする戦略が必要となる。しかし，欧米においてもベンチャー企業に特化した知的財産戦略は，十分な議論がまだ必ずしもなされていないようである。
6.「Intellectual property Strategies for university spinoffs in the development of new drugs」（査読付）	共著（ファーストネーム）	2009年11月	Drug Discoveries & Therapeutics	製薬系バイオベンチャー企業の場合，新規抗生物質などの開発にはかなりの時間を要することから，死の谷が長くなる。大学発ベンチャーの場合，薬剤開発の過程において，資金化が比較的容易な機能性食品関連の技術などを取得している場合がある。ベンチャー企業のアントレプレナーは，資金の安定化を図るために資金源となるそのような技術の事業化を検討すべきである。

7.「産学連携とベンチャー企業の知的財産戦略」（査読付）	単著	2010年	博士論文	産学連携ないし大学発ベンチャー企業に携わる人たちが，産学連携の重要性を認識し，大学発ベンチャー企業の運営が円滑に行われ，知的財産を確保しつつ成長するための知的財産戦略を提案している。そして，大学発ベンチャー企業の経営が知的財産の適切な利用により，円滑に行われることによって，大学で生まれるハイテクノロジーの事業化が推進され，ひいては我が国の知財立国が実現されることを本稿は目的としている。
8.「Animal welfare and use of silkworm as a model animal」（査読付）	共著（ファーストネーム）	2012年9月	Drug Discoveries & Therapeutics	共著者：東京大学薬学部浜本洋助教らカイコ幼虫の利用によりマウスの利用を大幅に抑えることが可能となっている。このことから，費用を削減することもできる上，動物愛護の観点からも，以前より，製薬会社，研究機関などに，カイコ関連の技術の利用を検討することを薦めている。仮に，日本のマウスを利用する実験の1割がカイコに置き換われば，年間で，少なくとも40万匹ものマウスの利用が抑制されることとなる。
9.「日本のベンチャー企業経営への提言－起業した㈱ゲノム創薬研究所を事例として－」	単著	2012年9月	千葉商科大学経済研究所 View & Vision	ベンチャー企業などがイノベーティブな技術を事業化を行う場合は，まず開発資金の獲得が重要となる。また開発中の主要な商品以外に，主要商品と同じプラットフォーム上の技術から開発が可能な早期に資金回収ができそうな関連商品にも着目し，そこから資金を獲得するような，堅実で柔軟性のある経営方針が望まれる。十分な開発費を確保するには，公的助成金や出資金のみに頼らず，より多くの資金源の確保が必要で，市場環境などの変化にも対応できるような経営体制の構築が必要であると論じた。
10.「特許における進歩性判断のあり方」（査読付）	単著	2013年2月	千葉商科大学論叢	特許要件で判断が最も難しい進歩性の判断のあり方を検討した。発明の効果が引用発明などから想定される効果を顕著に上回るような場合は，引用発明から容易想到と判断されても，従来，実施されなかったという事実より，経済的合理性から考えて実は容易想到ではないと考えて，進歩性を認めるべきと論じた。また従来はあまり評価されることがなかった商業的成功などを一層参酌する余地があること，あるいは判断が微妙な事例が少なくなく，そのような場合に，進歩性がないと判断すると修正が困難で，社会的損害が大きくなることを指摘した。

（その他） 1．「新しい産学共同モデルによるゲノム創薬事業の試み」	共同	2001年12月	臨床薬理学会	共同発表者：関水和久（東京大学教授）提案している「国立大学の教官の研究成果を事業化するための企業設立の方法」に基づいて，発表者はゲノム創薬研究所有限会社を設立した。そして，大学の研究室で生まれる発明で職務発明ではなく自由発明と認定されるものを同社に移転し，複数の製薬会社と共同研究の交渉を開始した。この方法は，大学の研究室と製薬会社の双方にメリットがある。また十分な研究資金の導入により，研究は大学の研究者が行い，ルーティーンワークは同社のテクニシャンが行うという体制の構築が可能となる。
2．「新しい産学共同研究モデルによるゲノム創薬事業の試みと実際」	単独	2002年3月	東京大学薬学部シンポジウム 講演内容は，エルゼビア・サイエンス刊『産学連携の新しい流れ』pp.95-103に収録	国立大学の教官の研究成果を事業化するための企業を設立する意義と方法を説明した。そして自ら設立したゲノム創薬研究所有限会社と大学ないし製薬会社との契約関係を説明した。課題として，国立大学が独立法人化すればスキームを見直す必要があることを指摘した。
3．「ベンチャー・中小企業の知的財産戦略」	単独	2006年11月	政策情報学会	ベンチャー・中小企業の知的財産戦略に関する欧米の文献を調査したところ，次の事項が判明した。ベンチャー・中小企業が成長するためには，社内に知的財産文化を構築させ，公式な方法による知的財産を確保する必要がある。属する業界により異なる戦略がある。バイオないしエレクトロニクス業界には特別な事情がある。また大きな特許ポートフォリオを持たないベンチャー・中小企業は訴訟に巻き込まれ易いことから，巻き込まれにくくする戦略が必要となる。
4．Technologie trends in USA und Japan「バイオベンチャーの実例と日本のベンチャー企業の育成状況と経営安定化策」	単独	2008年10月	オーストリア国経済産業省主催セミナー講師として招聘された。 於 ウイーン市グラーツ市インスブルック市 （使用言語英語）	特に日本では欧米と異なり，ベンチャー企業への投資資金が限定である。よってイノベーティブな技術をベンチャー企業が事業化を行う場合は開発資金の確保がとても重要である。開発中の主要な商品以外に開発が可能で早期に売上を実現できそうな副次的な商品を見い出すことが重要で，それが死の谷を短くすることにつながる。

> 参考4

著者の博士論文要旨

平成20年度
千葉商科大学大学院
政策研究科博士課程

関　水　信　和

主題　産学連携とベンチャー企業の知的財産戦略
副題　アントレプレナーによる大学発ベンチャー企業の知的財産戦略
Title: University-Industry Collaboration and Intellectual Property Strategies for Startups
Subtitle: Intellectual Property Strategies for University Spinoffs Contrived by an Entrepreneur

序　章

　本稿は，筆者が大学発ベンチャー企業を創業し，問題に遭遇したそれぞれの時点において検討した事項を基に，研究を行い，さらに内外の関係者との議論などを通して検証し，上記の諸問題の解明を試みたものである。

　よって，本稿は産学連携ないし大学発ベンチャー企業に携わる人たちが産学連携の重要性を認識し，大学発ベンチャー企業の運営が円滑に行われ，知的財産を確保しつつ成長するための知的財産戦略を提案している。そして，大学発ベンチャー企業の経営が知的財産の適切な利用により，円滑に行われることによって，大学で生まれるハイテクノロジーの事業化が推進され，ひいては我が国の知財立国が実現されることを本稿は目的としている。

第Ⅰ部　日本の産学連携の展開

　第Ⅰ部は，第1章「産学連携とベンチャー企業」と第2章「産学連携のあり方」から構成されている。第Ⅰ部では，まず現在の産業のイノベーションにおける産学連携の重要性と産学連携に大学発のベンチャー企業の育成が欠かせない点が検証される。そして，日本の産学連携の推進状況が検証され，その推進には人材の育成と活用が重要であることが論じられる。第Ⅰ部は全体として，本稿の問題点と解決策の手掛かりを提示している。

第1章　産学連携とベンチャー企業

　本章では，産学連携による産業のイノベーションが扱われ，大学で生まれた知的財産である新しい技術を特に大学発ベンチャー企業がいかに活用して，事業化を図るべきかという議論が行われる。そこで本章においては，まず日本の産業発展のために産学連携がいかに重要なのか，さらに産学連携の相手企業としてベンチャー企業あるいは，大学発ベンチャー企業は相応しいのかという事項が検討される。

第1節　産学連携の必要性

　最近の企業活動の特徴として，巨大企業が材料から製品を一貫して製造するのではなく，いくつかの企業がフラットな関係で商品を作るスタイルへの変化がある。一つの会社が活動に必要なものを全て社内で保有する自前主義から一部の経営資源を外部に依存する連携主義への変化が起こっている。世界的に見て，企業間の関係は従来とは大きく変化し，大きな会社が自社で設計し，部品を生産し，さらに多くの部品を設計図通りに組み立てて社内で完成品を製造する時代ではなくなっている。企業同士がフラットな関係を構築し，競争しながらも，相互に連携し，商品を完成する時代となっている。

　自社で研究開発を行うために，大きなメーカーは，従来必ず研究機能を有する組織を持っていたが，全てのメーカーに工場とは独立した形態をとる中央研究所必ずしも必要ではなくなっている。特に業績の良い会社の中央研究所は，従来の事業に直接関係のないような技術の開発，ないし従来の技術を駆逐するような画期的な技術の開発は，既存技術との関係においてジレンマが発生し容易にはできない。よっ

て，既存の優良な大企業においては破壊的なイノベーションは起こりにくい。そこで，企業の中央研究所に代わる研究機関として，大学など外部の研究機関が産業の発展にとって重要となる。

シリコンバレーにおける産学連携が，日本では注目されているが，下地として，企業相互の関係がフラットになり，さらに企業の中央研究所に代わる研究機能として，大学のニーズが高まっていたところに，1980年に成立したバイドール法により大学からの技術移転がスムーズに行えるようになり，米国では産学連携が活発となったのである。日本においては，1999年に「産業活力再生特別措置法」（日本版バイドール法）が成立した。このことにより，TLOなどの機関が管理ないし支援し，公的な研究費による大学の研究成果が知的財産として，民間の事業者に移転が行える体制が，日本でもようやく整った。

第2節　産学連携の相手としての大学発ベンチャー企業

産学連携には大きく分けて二つの方法がある。その一つは，大学で生まれた技術を既存の大企業などにライセンスし実用化を図る方法である。もう一つは，大学で生まれた技術を元にベンチャー企業を興し事業化を図る方法である。大学で生まれた技術は，革新的であっても実用化に不確かな面があり，技術領域にもよるが，大企業へのライセンスよりはベンチャー企業に任せることが相応しいと思われる。よって本論においては，大学発のベンチャー企業の起業による産学連携を議論の中心にする。まず大学発を含めたベンチャー企業の定義を確認する。本稿においては主に大学などで生まれる高度な技術の事業化を目指すベンチャー企業などを取扱うことから，「高い志を持ったアントレプレナーに率いられた高度な技術ないし独創的な製品・商品の開発・事業化を目指す成長力のある企業」と定義する。さらに，大学発ベンチャー企業については，大学で生まれる技術の移転と育成による産業のイノベーションを目指す企業として，大学発ベンチャー企業を「大学で生まれた技術（知的財産）に基づいて起業されたベンチャー企業」と定義する。そして，この種のベンチャー企業を議論の中心に置くこととする。

大学発のベンチャー企業の最近の経済効果について，「平成19年度大学発ベンチャーに関する基礎調査報告書」は，直接効果で約28百億円，波及効果で約51百億円と推計しており，経済成長への影響を示している。この経済効果は，社数の伸びを大きく上回って伸びており，経済成長への影響は益々重要となる。よって大学発

ベンチャー企業の育成は，先端的な技術の将来的発展のみならず，経済成長に直接的に貢献するものと言える。

第2章　産学連携のあり方

本章では，日本の産学連携の推進状況ないし大学発のベンチャー企業の設立状況を，諸外国ないし米国などのデータを利用して比較検討する。そして日本の大学発ベンチャー企業の置かれている環境，特に経営を担う人材にスポットライトを当てて，問題点の検討を行う。

第1節　産学連携の現状と問題点

産学間の技術移転の最近の5年間の進展状況をスイスIMD（経営開発国際研究所）の国別ランキング（各国において実施したアンケートデータを国別に評価）で見ると，日本はやや上昇傾向にあるものの2008年（2008年1月時点の調査）においても20位と，産学連携が大変遅れている状況にある。ちなみに米国は2～6位を占め，大国の中ではトップのランキングとなっている。

日本が知財立国を目指すためには産学が共同して革新的な技術を生み出し育てることが必須となる。産学連携を推進し，大学で生まれた高度な技術を事業化するには大学発のベンチャー企業の創業と育成が重要である。しかし，大学発ベンチャー企業の設立は単年度ベースでは，平成16年度（2004年）をピークにペースは落ち込んでいる。この設立数の減少は，1,000社の目標達成のための公的な支援体制などがピークアウトしたという事情もあろうが，ベンチャー・キャピタルの投資意欲の減退とさらにベンチャー企業が直面している課題の存在などの問題がある。またベンチャー企業を創業するにあたり，まだ各種の規制が十分緩和されていないという問題もある。例えば，起業までの日数に関するIMDの調査によると日本は，2007年において55ヶ国中27位（平均所要日数で23日間）と先進国の中では，極めて長い日数を要している。

また大学発ベンチャー企業の場合は，研究開発のための人材はポスドクなどを中心に比較的確保が可能なようであるが，財務ないし営業などの人材の確保が困難となっている。つぎに問題となるのは，販路の確保である。大学発ベンチャー企業が開発する商品の多くは革新的な技術により開発されるもので，従来はあまり存在しない（新規に創出する市場の）ものが多い。そのことから，販売に困難が伴う。さ

らに営業スタッフの確保も容易でないという事情が加わっている。

第2節　産学連携と大学発ベンチャー企業育成のための体制

　発明者（教官）が関与している大学発ベンチャーは，将来，大きく成長する企業であるとベンチャー・キャピタルが評価し，投資するベンチャー企業の比率が高くなっている。大学で生まれた発明が，直ぐにメーカーなどで利用可能な場合は，発明者が関与しなくとも事業化は容易であろう。ただし，大学で生まれる発明の多くは基礎技術に関するものが中心となっている。そのような場合は発明者が関与しているベンチャー企業が発明を事業化可能なレベルまで育てる必要がある。しかしある程度成長した段階で，企業経営の経験者に経営を任せる必要がある。

　日本においては，ベンチャー企業が活発に活動するための人材がボトルネックとなっている。日本では，社内でしか通用しないような仕事のやり方が多く，またMBAないしMOTの教育も歴史が極めて浅く，それらの教育を受けた人材も少ない。マネジメント能力を身に着けさせる人材教育が十分でないと思われる。またアントレプレナーになる希望者が少ないが，それは日本における起業することに対する社会的な評価の低さも影響しているものと考えられる。

第Ⅱ部　大学で知的財産を生む戦略

　第Ⅱ部では，大学において知的財産を生むために，特に重要で問題となりやすい二つのテーマが扱われている。一つ目は大学の職員である教官が行う発明の取扱いと事業化であり，二つ目は大学という研究組織の中で重要な位置を占める学生による発明の取扱いである。これらは，企業の研究所における従業員が行う発明とは異質な要素を多く含んでいることから，企業における発明とは異なる議論が必要となる。この議論を行うことにより，大学における発明の正しい取扱いができることとなり，社会的コンセンサスを伴う大学発ベンチャー企業の育成が可能となる。その上で，第Ⅲ部以降で議論される「知的財産を守る戦略」，「知的財産を育てる戦略」の議論につなげることが可能となる。

第3章　産学連携などに関連する提言

　筆者は，産学連携の必要性が今日ほど議論されるよりも前から，大学発ベンチャー

企業のアントレプレナーの立場から，「大学発ベンチャー企業のあり方」，あるいは大学発ベンチャー企業の活動を行うと必ず問題となる，「学生の発明の帰属」の2点について提言を行ってきた。本章では，この提言に沿って，これらの論点の再確認が行われる。

第1節　大学発ベンチャー企業のあり方の提言

　筆者は予てより発明者である大学教員が大学発ベンチャー企業に関与することが大変重要で，発明者がベンチャー企業に関与して初めてベンチャー企業を育成できると考えていた。そして，事業化が可能な技術の発明者である大学教官と共に2000年に自ら起業を行った。当時は大学発ベンチャー企業を始める教官は大変まれで，社会的には評価されるどころか，知的財産の扱いなどについて批判的な意見が出るような状況であった。筆者は，大学発のベンチャー企業は，大学で生まれた技術を育て，さらに大学の研究室に研究費を提供するために欠かせない存在であり，批判は誤解により生じているものと考え，筆者らは，大学発ベンチャー企業のあり方について，学会における講演ないし論文などを通し，提言活動を行った。特に提唱したベンチャー企業において，大学院の学生が行うには相応しくないルーティーンワークをテクニシャンに行わせるべきとした論点は，次節で議論される学生の発明の扱われ方との関係からも重要な部分である。筆者らが提言した内容は以下のようなものである。

　21世紀における我が国の産業の進展を図るうえで，大学の機能を生かした産学連携が重要であることが指摘されている。このような社会的要請に応えるためには，教官が企業を興して，研究を大学から社会に移転することが重要であると考えられる。提案する研究事業化企業（大学発ベンチャー企業）は，自らと大学との共同研究の成果の権利を得て，それをさらに製薬企業などに移転することが可能である。この点が研究費を出す製薬企業などにとっては魅力である。これまでの制度では，製薬企業などとの共同研究を実施する研究者の確保が困難であった。その結果，大学院生が共同研究を担当せざるを得ない等の問題があった。大学院生は本来研究指導を受けることを目的としており，教官のアイデアを事業化する研究に従事させる場合には，研究指導と矛盾しないよう特別な配慮が必要である。これに対して，提案する研究事業化企業においては，人材派遣会社からテクニシャンを募り，自らのテクニシャン（研究員）として大学において共同研究に従事させることができる。

具体的には，研究事業化企業（大学発ベンチャー企業）は，まず大学との共同研究契約に基づいて，大手製薬企業などと研究契約を締結する。そして研究事業化企業は人材派遣会社を通じてテクニシャンを大学に派遣し，共同研究を実施する。大学の教官はこのテクニシャン（研究員）による研究を指導する。人材派遣会社からのテクニシャンにより契約に基づいた研究を実施することができることは，製薬企業などの立場から見ても大きなメリットとなる。契約で定められたテーマに対して専任のテクニシャンが大学の施設内で，大学の教官の指導の下で研究を実施できるので，秘密保持が容易である。またその一方で，研究成果は研究費を出した企業などに還元される。

第2節　大学における学生の発明の取扱い方

　大学における発明は多くの場合，教官を中心としたグループにより行われる場合が大半であると言われている。そのグループには多くの学生が加わっている。ところが，この学生の発明の帰属の議論が従来極めて不明確なまま放置されていた。この問題は大学発ベンチャー企業の運営を行う上でも，避けては通れない問題であり，文献を調査したところ，議論がなされていない重要なテーマであることが分かった。それらのことから，筆者は学生の発明の帰属を明確にするために2003年に，次の論文を発表し学会における議論の嚆矢とした。そしてこの論文により学生の発明は原則として学生に帰属するという議論の流れを作ることができたと自負している。例えば，東京大学産学連携本部編『産学連携ハンドブック（知的財産編）』2004年4月刊は，学生の発明の取扱いに関して，筆者の論文を引用している。論文の内容は，つぎのようなものである。

　学生の発明は通常大学の施設内において教官の指導の下で行う研究活動の中でなされることが多く，また，教官・学生などで構成されるグループで研究が行われ，学生はその一部分に関与するという場合が普通である。従って，学生の発明と特許権の帰属という問題に関しては，これらの研究メンバーと学生との権利関係の分析に加え，施設等を提供している大学との権利関係の分析も検討を要する重要な事項であると思われる。

　まず学生と教官の関係を検討する。教官の指導の下で，学生が研究を行い，教官の指導内容が研究テーマの選択の方法・器具の使い方・論文の書き方など研究一般に関するもので，発明自体は学生によって行われたというのであれば，両者間には

雇用関係などの特別な契約が存在するわけではないので，それは学生の発明と考えられる。特に昨今のコンピュータ・ソフトないしビジネスモデル特許などの新しい領域は教官などの指導とは直接関係なく，特別な設備を必ずしも必要とせず，学生による単独の発明と認定できるようなケースが十分想定できる。

　ただし一般的には，教官による指導の過程で行われる議論ないし研究活動等の中から教官と学生が共同して発明が行われるはずで，このような場合はその貢献度を考慮し，誰の発明であるのかを検討し，場合によっては共同発明と扱われるべきものが多いと考えられる。むしろ多くの場合は，（一般的なアドバイスの領域を超える）教官の指導下で学生の発明がなされる訳で，発明から生ずる権利が誰に属するのかという難しい議論が生まれるのである。学生と教官が各々独立して行動するような環境が整っていれば，難しい問題は生じにくいのであろう。ところが，我が国においては，大学の教授と学生のように上下関係がある個人の間では，往々にして下位の学生の権利が軽視される傾向にあるのではなかろうか。また学生の発明で注意すべきは，発明が所属する研究室の先輩研究者の研究成果である資料・材料を利用，あるいは成果である理論に立脚している場合には，それが学生の発明であるというには大きな問題があるという点である。権利を主張することにより，利用した先輩研究者の権利を侵害する恐れも出てくるのである。

　学生の研究成果には，明確に学生の発明であると言えるものから，研究グループによる共同発明と考えるべきもの，あるいは学生の発明とは認定しにくいものなどいくつかのケースがあると思われる。そしてその判断は当事者間の話し合いによらざるを得ない場合もあるであろう。

　つぎに，学生と大学との権利関係を検討する必要があろう。一般に，学生の発明は大学の設備などを利用している。この問題を検討するにあたり，大学の教授等の発明に関する従来の議論に着目しよう。すなわち教授等の発明がその職務に含まれないと考えられており，職務発明ではないこととなっている。そして学生の場合には大学に学費を払う立場にあり，雇用関係もない場合には，発明が職務でないことは明らかと言え，学生の発明は職務発明ではないこととなる。

　大学の研究室における発明が誰に属するか，という問題は明確に決められない場合も多い。しかし，教官の教育指導の下であっても，学生が大学において特許化されるような発明を行うことは十分可能である。学生の発明と認定できるようなケー

スにおいては，原則として教授の発明と同様に職務発明ではなく自由発明と言える。また，特別な予算・経費による研究ないし企業との共同研究の中で学生が発明を行うような特殊なケースが生じた場合においても，自由発明と言えるケースがあるように思われる。重要なのは，予算・経費の内容ないし共同研究の契約内容により，発明の権利の帰属が合理的に決められるべきだということである。

第Ⅲ部　ベンチャー企業の知的財産を守る戦略

　第Ⅲ部は，第4章「先行文献に見るベンチャー・中小企業の知的財産戦略」と第5章「ベンチャー企業に相応しい知的財産の確保のための具体策」から構成されている。第Ⅱ部においては，大学においていかに事業化が可能な知的財産を生むかという議論を行った。第Ⅲ部においては，その知的財産をいかに大企業などの攻撃から守るのかという議論がなされる。ベンチャー企業のための知的財産戦略については，国内に文献が十分ないことから，外国の文献を調査し参考とした。その調査結果ないし第Ⅰ部にて検証した日本の産学連携の現状などを踏まえて，つぎに日本のベンチャー企業に相応しい知的財産を確保する具体策の提案が行われる。

第4章　先行文献に見るベンチャー・中小企業の知的財産戦略
　　　　　－欧米文献の分析を中心に－

　我が国の経済の成長ないし産業のイノベーションにとって，ベンチャー・中小企業の活力は大変重要なものとなっている。ただし，ベンチャー・中小企業に特化した知的財産戦略については，日本ではほとんど議論がなされていない。従来，大企業ないし企業一般の知的財産戦略に関する議論のみである。高度な技術を持ったベンチャー企業などは，大企業と敵対しつつ成長せざるを得ない場合も多いはずで，ベンチャー企業などの知的財産戦略は大企業ないし企業一般のためのそれとは異なる内容が必要なはずである。このようなことから，欧米での議論を調査分析する。

第1節　ベンチャー・中小企業の知的財産管理

　米国ないしヨーロッパにおける議論を検証するために，知的財産ないし特許（intellectual property, patent）とベンチャーないし中小企業ないし小さな会社（venture firm, start-up, small and medium enterprise, small firm, small company）

の両方のキーワードを同時に含む英文の文献・論文（含む該当論文の著者が書いた関連の論文）などを検索し，本稿の趣旨に該当していると思われる概ね全ての主要文献の分析を試みた。それらの文献などは米国，英国，スイスなどで書かれており，米国ないしヨーロッパにおける議論を網羅しているものと言えよう。

　尚，欧米における議論は，日本とは異なった企業環境，法体系におけるもので，また対象となる企業も参考文献により，ベンチャー企業ないし小企業に限定したもの，あるいは，中小企業としたものがあり，日本のベンチャー・中小企業の議論と異なる背景なども存在することが考えられる。しかしながら，大企業との比較においては，これら企業は法体系の違い，ないし企業サイズの違いにかかわらず，成長するために共通の問題点が存在すると考えられる。また欧米の文献は，ベンチャー企業と中小企業を対象としていることから，中小企業をも含めたかたちで議論を本章では行うが，その議論は原則として日本のベンチャー企業にそのまま当てはまるものと考えられる。

第2節　知的財産戦略の構築

　欧米での議論の内容は次のようなものである。まずベンチャー・中小企業の革新は（大きな会社と比べ）よりハイテクで最先端であると考えられていて，その独自技術は知的財産権の制度により保護され成長が支援されていると考えられている。この制度を活用して，事業を順調に成長させるためには，まず社内に知的財産文化を構築させる必要がある。それには企業の全ステークホルダーが知的財産の重要性を認識して，社内で生まれた知的財産を保護して育成するという意識を持つことが重要である。多くのベンチャー・中小企業では特許の出願方法の知識やそのための費用が十分ではない。そのことから知的財産の保護を安易に非公式な方法に頼りがちとなるが，特許出願などの公式な方法により独自技術に関する知的財産を確保することが必要な場合もある。公式な方法により登録された知的財産は価値があり，ベンチャー・キャピタルなどからの投資資金を誘引する能力を持っている。

第3節　米国における特許訴訟の実体

　企業の知的財産戦略は属する業界などの背景により，それぞれ異なった戦略がある。特にバイオないしエレクトロニクス業界には特別な事情がある。米国における特許関連の訴訟の分析によると，大企業は紛争の経験を有し，保有する知的財産を活用して紛争を事前に解決することにより特許1,000件あたりの訴訟の発生確率が低くな

ることが判明している。ベンチャー・中小企業にとって，訴訟は経営への影響も大きく，さらに小さな会社は訴訟に巻き込まれやすい為，大企業にも増して巻き込まれにくい戦略が必要と言える。ベンチャー・中小企業が知的財産制度を利用するための障壁として，登録費用の問題の他に，制度への理解の不足ないし人材不足の問題，あるいは財産保護のための余裕がないことが指摘されている。

第4節　ベンチャー・中小企業が知的財産制度を利用する際の障壁

　企業が自社の知的財産を適切に保護するためには，社内に知的財産文化を構築し，企業戦略に適合した知的財産戦略を推進する必要があるが，ベンチャー・中小企業は一般的に知的財産の保護のための資金と人材が不足しており，戦略的な対策を講じることが困難な場合が多い。また保有する知的財産のポートフォリオが小さく，大企業のように，知的財産に関する紛争を他の知的財産で解決できない。そのことから訴訟に巻き込まれやすく，長期の訴訟に耐える資金力がなく不利な和解条件を認めざるを得ないというのである。

　大企業によって，ベンチャー・中小企業の知的財産が不当に扱われる事例は少なくない。そのことから，ベンチャー・中小企業が大企業との競争に負けずに成長するためには，ベンチャー・中小企業のための戦略が必要なはずである。その戦略は大企業など企業一般の戦略とは異なった独自の内容が必要である。

　しかしそうであれば，まさにベンチャー・中小企業により良く適合した人的ないし資金的な余裕があまりないベンチャー・中小企業に特化した知的財産戦略を構築する必要があろう。この点に関しては欧米の文献においても現在のところ，必ずしも十分明確な議論はなされていないようである。

第5章　ベンチャー企業に相応しい知的財産の確保のための具体策

　ベンチャー企業ないし中小企業のための知的財産戦略に関しては，従来あまり議論がなされていない旨，第4章にて指摘したとおりである。そこで，欧米の文献を調査し，ベンチャー企業の知的財産構築のための考え方を第4章にて検証した。

　しかし，ベンチャー企業が，新しい技術を開発し，自社の知的財産を構築することを検討するに際し，資金も不十分でかつ知的財産を扱える人材にも恵まれていない。直ぐに利用できるような具体的な対策としては不十分な面がある。特に第2章にて記したように，大学発のベンチャー企業は人材の確保が困難となっており，特別な

人材がいなくとも利用できるような効果的な策の検討が求められる。ベンチャー企業の技術は，発明が行われた段階では，評価が難しいという特徴を有している。そのことから，発明が生まれた段階で，知的財産の確保にかけることのできる費用や時間は限定的とならざるを得ない。また第4章にて分析した欧米文献によると，ベンチャー企業は大企業などとの訴訟に巻き込まれると対応がほとんどできないという事情がある。そのことから訴訟リスクを今後は一層意識する必要がある。つまり，発明が行われた段階では権利確保の費用と手間を極力節約するが，発明の価値が評価できる段階においては十分な知的財産権の確保を図るような具体的な対策が特に必要となる。そこで特別な人材，費用が不足しているベンチャー企業（特に大学発ベンチャー企業）にとって，つぎの3つの制度の利用は特に有効な策と思われる。

第1節 国内優先権

　国内優先権の制度を利用することで，発明が完成する前に，先行する発明の部分を出願し（先の出願という），その部分のみ権利として確保をすることができる。つまり先の出願の後（1年以内）に，先の出願の明細書に記載されていなかった実施例を補充して出願のクレームの幅を維持したり（実施例補充型），先の出願発明が具体的な実施例を基礎とするものである場合に，これを包含するジェネリックな概念をクレームとして出願し，先の出願の優先権を主張したり（上位概念抽出型），物の発明についての出願と物を生産する方法についての出願が別出願として係属している場合に，これを包含する一つの発明として出願する（出願の単一性利用型）などのタイプが考えられる。

主要なメリット

① 一連の発明が研究発展の過程にある場合であっても，とりあえずその先行部分について権利化でき，その権利化した技術を他社との共同研究などの交渉材料として利用できる。

② 一連の発明のうち，先行する部分について出願をしておけば，優先権主張出願までに時間的猶予が与えられるため，十分時間をかけることができ，技術開発の成果を漏れのない完全な形の特許権を目指すことができる。

③ 先の出願の内容について，優先権主張出願の前であっても，研究成果を学会や学術雑誌に発表することができる。優先権主張をしなければ，先の出願の内容については発表等により公知となるはずであるが，後に優先権主張出願すれば，

先の出願内容と同一部分については新規性・進歩性が先の出願時に遡って判断されるからである。

④　ベンチャー企業がいくつか持っているアイデアのそれぞれ一部を出願後，それを交渉材料として契約先を探し，契約先が見つかった案件のみ，残りの技術を優先権主張出願するという方法が可能となる。この方法で，売れない特許に関しては出願費用を抑えられることとなり，全てのアイデアについて全部分を出願する場合に比べて，権利確保の費用と手間を節約できる。

主要なデメリット
①発明が全て完成してまとめて出願される場合と比べると，複数に分けて出願が行われるため費用が増える。

　国内優先権の利用は，ベンチャー企業がまだ発明の価値の判断ができない段階において，開発途上ながら，取り敢えず権利化を図り，大企業などとの共同研究の交渉に利用するためには，極めて利用価値の高い制度と言える。また発明の一部を学会などで発表する場合においてもこの制度は利用できる。どの程度のベンチャー企業が利用しているかは不明であるが，制度自体の利用件数は僅かながら増加しており，最近では，出願件数の10％程度に達している模様である。

第2節　先使用権

　先使用権とは，他者の特許出願の時点において，同様の発明の実施ないし準備を行っていた者などが実施または準備していた発明および事業目的の範囲内で，当該発明を実施した事業を継続できる権利である。先使用権は，本質的には特許権に対する抗弁権であり特許権からは独立した権利と言え，特許権者に対抗できる強力な防衛力を発明の実施者などに提供してくれるものと言える。先使用権は，発明をなした者ないしその者から発明を教えてもらった者が，特許権者により出願された時点において，発明の実施ないしその準備を行っている場合に取得できる権利である。

　欧米あるいは日本のベンチャー・中小企業において，技術を特許出願していない場合も少なくない。特許出願のための資金ないし人材が不足しているという理由も多い。しかし本来は，模倣されるリスクなどを考えて特許出願せずに非公開とするのか，あるいは特許出願して公開するのかという戦略的な判断が必要と思われる。公開した技術を模倣された場合に自社特許に抵触していることを証明できるか否か，あるいは製品を入手して模倣が可能か否か，が判断のポイントとなる。技術を模倣

されても特許に抵触していることを証明できなければ技術を公開することのリスクは高く，また製品を入手しても模倣が困難な場合は技術を特許化する必要性は小さくなる。さらに業種・技術内容によって事情は異なるが，技術を公開することにより，利用発明（特許法第72条）の範囲を超えた改良技術が生まれ，特許化されて公開した技術の価値が大きく損なわれるリスクさえ否定できない。

　自社技術を特許化せずに社内で情報管理すれば，他社に技術を模倣等されることもなく生産などを続けることができるが，問題点として，他社が特許を取得して，自社はその技術を自由に利用できなくなるという問題が生ずる可能性がある。この問題を解決できるのが先使用権の制度だと言える。

　先使用権の主張には入念な書類管理が必要であるが，権利の立証のために作成が必要な書類は，先使用権の主張以外においても，企業活動のために作成が必要なものが中心であり，特許出願のように，それだけのための書類は，限定的であろう。先使用権制度を利用することにより，第三者の特許を阻止するための防御特許を出願する費用を節約でき，総合的にみて知的財産の維持コストはかなり軽減できると考えられる。先使用権でガードされた知的財産と特許など制度化された知的財産の双方の利点を活かし，両方の知的財産を組み合わせれば，ベンチャー・中小企業にとって，費用を節約して，模倣されにくい，他社の技術動向に左右されずに生産が継続できる知的財産を構築できるはずである。

第3節　判定制度

　ベンチャー・中小企業のための知的財産戦略を考える上で，特許庁の判定制度の活用は，費用・手続きなどから見て有効な防御手段ではないかと考えられる。現行の判定制度は，当事者の請求に基づいて，対象物件などが特許，実用新案，意匠，商標の権利範囲に属しているかどうかを，特許庁が判断するものである。この制度では，知的財産権の登録の専門官庁である特許庁が，その専門的な知識・判断力を利用して権利関係の存否の判断を行う。特許庁による判定の結果は，権威のある判断であると言え，当事者が有効に活用することにより無用な紛争を防止できると考えられている。

　もっともプロセスと考え方が同一であっても，何れの事案においても特許庁の判定の判断と裁判所の判断が必ず一致するとは限らない。さらに特許庁の判定は，本来的には技術的範囲における属否を判断する手続きである。さらに特許の枠外に存

在する先使用権の主張もできないとされている。これらの点は，判定制度を利用する際に特に注意を要する。

特に，つぎのような場面において利用できる。

A．請求人（ベンチャー企業）が権利を侵害されたと考えた場合に侵害の事実を確認し，警告を発したり，交渉を有利に進めたりすることができる。
B．請求人（ベンチャー企業）が新しい事業を開始する前に，他者の特許権などを侵害していないことを確認することができる。
C．請求人（ベンチャー企業）が新製品を開発する場合に，自己所有の特許権などで保護された商品であることを確認することができる。

この制度は，大企業の特許などの件数の多さを勘案すると，相対的に中小企業と個人の利用度合いが，極めて高いが，大企業はクロスライセンスなどの策を講じることにより紛争を未然に防ぐなどの他の方法を用い，紛争が解決できない場合は訴訟を選択しているものと考えられる。この制度の利用は年間で100件程度と目下のところ低調であるが，相対的に中小企業・個人が多く利用しているところに特徴がある。

ベンチャー・中小企業が自社の知的財産権を侵害されたり，他社の権利を侵害したと追及されたりと，トラブルを経験している企業は，かなり多いようである。さらにトラブルが起きると適切な対応ができず，また訴訟ともなると費用も嵩み，解決まで長期間を要することから，泣き寝入りとなっているケースも多いように思われる。また新技術の開発時点における他社技術への非侵害の確認などのための公的なサービスのニーズも高いようである。

特許庁の判定制度は，3人の特許庁の審判官の合議により判断が行われ，信頼性が高い。このことから，紛争当事者が判定の判断に基づいて，早期に和解することも可能である。あるいは当事者の合意の下，制度の仲裁機能を利用することで，比較的に安い費用で紛争を早期に解決することも期待できる。

また，他の組織のサービスと比較しても費用が割安で，速く，技術専門性の高い判断が得られるので，ベンチャー・中小企業が利用する上で，大きなメリットがある。

これらの点から，ベンチャー・中小企業が，権利侵害などのトラブルに巻き込まれそうになった場合，あるいは紛争を防止するために他社権利を侵害していない確認を事前に行うなどの手段として，特許庁の判定はベンチャー・中小企業が利用しやすい制度と言える。

第Ⅳ部　大学発のベンチャー企業の知的財産を育てる戦略

　第Ⅳ部は，第6章「大学発ベンチャー企業の特徴と知的財産戦略」と第7章「複数の商品を開発するモデルの検証」から構成されている。第Ⅰ部ないし第Ⅱ部などの議論により，内外におけるベンチャー企業を成長させるための最大の問題は，成長資金の確保であることが明らかとなった。この問題を解明する具体策を提示している文献は，内外において見当たらない。第Ⅳ部においては，大学発のベンチャー企業の特徴を生かした，この問題を解決する具体策の一つが提案される。そして，その具体策の有効性の検証が，日本ないし欧米の関係者との議論などを通して行われる。

第6章　大学発ベンチャー企業の特徴と知的財産戦略

　ベンチャー企業における，大学発ベンチャー企業にスポットライトを当て，その特長である技術と起業される経緯を確認する。そして成長するための資金を確保する方法と知的財産戦略を検討する。さらに検討された戦略について，産学連携・大学発ベンチャー企業の関係者に対するヒヤリングを通して，その戦略の妥当性が検証される。

第1節　大学における起業と技術・発明の特徴

　大学発のベンチャー企業の技術は，革新的ながら基礎的技術が中心である。そのことから既存の企業などに売却することが難しい技術であるということができる。

　一般に，新しい基礎技術は，極めて革新的である可能性を有しているが，既存の企業にとって従来の理論とは全く異なる理論であることなどから，容易に価値を理解できない場合が多い。さらに大学で生まれる技術に関しては，明文化されにくい部分（暗黙知）も存在することから一層理解されにくく，既存企業への移転が困難となる。

　筆者が大学発ベンチャー企業の関係者に対して行ったヒヤリング調査によると，暗黙知の存在を「あまり意識したことはない」という意見（大学出身の発明者）も一部にはあったが，大半は「暗黙知の存在が技術を既存企業に移転する際の障害となり，発明者が起業することに結びつく」，あるいは「発明者（大学の教官）の持つ

暗黙知の存在により，技術移転は双方にとって難しいものとなる」，あるいは「暗黙知の存在は教官がベンチャーを立ち上げる原因の一つである」あるいは「暗黙知が存在する。企業化する（予定）原因は，自分でないと育てられないと考えるため」など，暗黙知の存在が発明者自ら起業する主要な要因であるとする意見が多かった。要するに，明文化ないし特許化しにくいノウハウないし知識（暗黙知）の存在が教官に起業を行わせる主要な要因の一つであると言えよう。

　暗黙知の存在から既存企業への移転が困難となり，発明者自らが起業したり，深く係わったりしているようなベンチャー企業の場合は，結果として，特許以外のノウハウを保有し，複数の発明が生まれやすい状況となる。

第2節　大学発ベンチャー企業のための資金管理

　ベンチャー企業にとっては，資金繰りが大変重要で，損益管理よりもむしろ資金管理が重要とも言える。ベンチャー企業は高度な技術を保有しており潜在的な成長力を有している。欧米の文献においても，再三指摘されているように，成長するための資金の調達は大変重要であるが，困難な場合が多い。さらに，日本では，ベンチャー企業のための金融サービスが米国に比べると十分に整っていないという事情が一層困難さを増大させている。

　従来の先行文献における議論によれば，ベンチャー企業にも「金のなる木」ないし「十分な現金を供給する強固な事業」が必要とのことである。しかし，大半のベンチャー企業は残念ながらそのような環境になく，またそのような手段を獲得する方法に関しては，各論者とも明確な説明をしていない。もちろん大学発ベンチャーにとって資金管理は大変重要なもので，早い時期から「金のなる木」となるような事業を育てることにより成長資金を確保することができれば理想的である。

第3節　大学発ベンチャー企業のための成長資金調達と知的財産戦略

　そこで，以下において，大学発ベンチャー企業が比較的早い段階で，成長資金を獲得しやすくなる方法を検討する。その方法のヒントとなるのが，「金のなる木」を育てるという理想的な考えと，大学発のベンチャーの特長である，企業内に蓄積されている各種のノウハウ・豊富な関連技術（暗黙知）の存在である。そこで，各種のノウハウを利用して「金のなる木を育てる」というモデルが頭に浮かぶ。

　「平成18年度大学発ベンチャーに関する基礎報告書」によれば，主力製品の技術を用いた関連商品を売っているベンチャー企業は44.3％，主力製品の技術とは関係のな

い関連商品を売っているベンチャー企業は13.8%存在している。前者は最終商品を開発する途中段階で開発される中間的な商品などと思われる。また後者は，社内に蓄積されている各種のノウハウ・豊富な関連技術から開発される主力商品とは異なった副次的な商品などと思われる。業種ないし技術の内容によって事情は異なるであろうが，本来的な「金のなる木」に育ちやすいのは，複数の候補技術の中から選ばれて育てることが可能な後者の方であろう。

さて，日本において大学発のベンチャー企業にとって，最終商品以外の商品を「金のなる木」に育てるという方法が成長資金を獲得する方法として相応しいものかどうかという問題について，筆者は産学連携，大学発ベンチャー企業の関係者17名に個別にヒヤリング調査などを行った。そのヒヤリング調査の結果をまとめると，日本のベンチャー企業にとって，複数の商品の事業化は基本的には良い方法であるが，社内で異なる商品の開発を同時に行うことに事業効率が求められる，という結論となる。

よって，アントレプレナーは常に「金のなる木」に育つ可能性がないかという目で発明をよく検討し，可能性のあるものは積極的に特許化を図るなどの知的財産戦略を取り，その後の技術の発展と市場ニーズの状況を見守るべきである。そして，このようにして策定された知的財産戦略が効率よく実行されるように，会社全体の経営戦略と適合させて，企業経営を行うことが重要である。

第7章　複数の商品を開発するモデルの検証

第6章においては，大学発ベンチャー企業が成長資金を確保するために主要商品とは異なる商品を開発するというモデルについて，業種などにより環境は異なるものの事業効率に問題がなければ，日本においては有効であることを検証した。つづいて，このモデルに関する欧米の産学連携ないしベンチャー企業の関係者に対して行われたアンケート調査ないし面談調査により，同モデルが欧米の大学発ベンチャー企業においても有効か否かを検証する。

筆者は，日本の大学発ベンチャー企業の経営者を代表して，2008年10月にオーストリア国の連邦経済省商務部が主催した講演会に招聘され，講師として参加した。そして，このオーストリア各地で開催された講演会とドイツ，英国において，大学発のベンチャー企業の関係者と面談を重ねた。そして第6章において検討した主力

商品の他に複数の商品を開発して成長資金を調達する大学発ベンチャー企業のモデルの欧米での可否を調査した。

第1節 欧米の関係者へのアンケート調査

講演の後，講演の参加者などを対象として，アンケート調査を行った。本アンケートは講演後に訪問したドイツと英国の面談者に対しても，同様の説明を行った後に実施した。アンケートの結果によると，「複数商品開発の戦略の可否」については，概ね，経営の安定に資するという内容が多く（33人中23人），さらに「業種によるが可」ないし，「複数の商品のプラットホームが同一であれば可」という条件付きで可という回答が数人いた。何れにしても，大学発のベンチャー企業の戦略として，複数の製品を開発するという戦略は，事業内容にもよるなどの意見もあるが，概ね有効であると評価されたと理解できる。

第2節 欧米の関係者との面談調査

アンケート調査と同時に，MITの関係者で米国の産学連携に直接携わっている人物2名と筆者が講演で提案した「大学発ベンチャー企業が経営の安定のために複数の異なった商品を開発すること」の可否について議論を行った。さらに欧州における産学連携の先進国であるドイツ（ベルリン工科大学関係者など）と英国（ケンブリッジ大学関係者）において産学連携に直接かかわっていると思われる人物に講演の資料の要約を事前に送付し，面談の目的を連絡した上で，ベルリン市，ポツダム市，ケンブリッジ市にて面談を行い同じ内容の議論を行った。

議論の結果，大学発ベンチャー企業が経営の安定ないし成長資金を獲得するために異なった商品を開発することの可否は，つぎのようにまとめることができる。

1. 複数の商品を開発することは業種などにより事情は異なるが，基本的に資金調達に役立ち，経営の安定が図られる。
2. 複数の商品であっても同一のプラットホームに乗っていて，同一の企業で開発される合理性が重要である。
3. 事業化に時間がかかる高度な技術のみを複数商品化することは合理性がない。
4. 経営管理が難しくなるという問題点がある。

つまり，経営管理に注意して，開発の難易度の異なる商品を同じプラットフォームで開発すれば，経営の安定に有効な戦略ということである。

終　論

　本稿は，大学発ベンチャー企業の育成は日本の産業のイノベーションないし成長に欠かせない存在であることを確認し，日本の産学連携と大学発ベンチャー企業の状況，その問題点を明確にした。また欧米の文献を分析して，ベンチャー企業の特許戦略に関する先行研究の内容を明らかにした。

　また大学発のベンチャー企業のあり方，あるいは大学において学生が行う発明の帰属問題に関する，筆者が提唱してきた事項の提案を行った（**大学発ベンチャー企業を生み維持するための知的財産戦略**）。

　つぎに人材と資金が十分にない大学発ベンチャー企業の特性に合った，知的財産を確保する三つの方法として，国内優先権，先使用権，判定のニーズと有効性の分析を行って，具体策として提案することができた（**防衛的な知的財産戦略**）。

　また，大学発ベンチャー企業の経営管理上の最大の問題である，成長資金の獲得を可能とするモデルと知的財産戦略を提案し，その効果を内外の関係者に対してアンケートないしヒヤリング調査を実施して検証することができた（**積極的な知的財産戦略**）。

　ところで本稿の，大学で生まれた発明ないし大学発ベンチャー企業の特長の分析は米国のシェーン教授の研究業績に負うところが多い。しかし，同教授は大学発ベンチャー企業と知的財産との関係に関しては，知的財産の重要性を指摘するに留まっている。また同教授の研究には大学発ベンチャー企業を成長させる資金を獲得するなどの具体的な対策の提示が行われていない。この点，本稿は筆者の大学発ベンチャー企業を経営する過程などで得た知見なども加え，大学発ベンチャー企業の特長を知的財産という重要な観点より分析を試みて，大学発ベンチャー企業を生み出し，守り，成長させる具体策を提案している。

　それは大学発ベンチャー企業の知的財産に着目した戦略であり，大学発ベンチャー企業を**生み維持するための知的財産戦略**，知的財産を大企業などの攻撃から保護する**防衛的な知的財産戦略**，成長資金獲得のための**積極的な知的財産戦略**の三つの戦略である。この三つの知的財産戦略を大学発ベンチャー企業の各ステージで適切に組み合わせることが，同ベンチャー企業を生み出し成長させるために大変重要であると結論付けた。

以上

[参考4 博士論文　参考文献]　五十音/アルファベット順

Blackburn, R. A. [2003], Intellectual Property and Innovation Management in Small Firms, London, Routledge, p.165（ISBN　0-415-22884-0）.

Burrone, E., Director, WIPO [2004], "Intellectual Property Rights and Innovation in Small and Medium-Sized Enterprises", Second OECD Ministerial Conference for Small and Medium-sized Enterprises, p.25
（http://www.wipo.int/sme/en/index.jsp?items=10&sub_col=sme-doc&cat=patents）

Carter, E. A. and R. Millien [2006], Little Blues-How to Build a Culture of Intellectual Property Within a Small Technology Company, London, New York, Managing Intellectual Property, p.127（ISBN　1-84374-271-3）.

Christensen, M. Clayton [2000], The Innovator's Dilemma, Harvard Business School Press, Boston（伊豆原弓訳 [2001],『イノベーションのジレンマ増補改訂版』, 翔泳社）.

Christensen, M. Clayton and Raynor, E. Micael [2003], The Innovator's Solution, Harvard Business School Press, Boston（櫻井祐子訳 [2003],『イノベーションの解』, 翔泳社）.

Druker, Peter [1985], Innovation and Entrepreneurship, Harper & Row, Publishers（小林宏治・上田惇生監訳 [1993],『イノベーションと企業家精神』, ダイヤモンド社）.

Friedman, Thomas [1996], The World Is Flat, International Creative Management, Inc. London（伏見威蕃訳 [2008],『フラット化する世界〔増補改訂版〕(上)』, 日本経済新聞社）.

Institute for Management Development [2003], [2004], [2005], [2006], [2007], [2008], IMD World Competitiveness Yearbook.

Lanjouw, J.O. and J. Lerner [2001], "Tilting the Table? The Use of Preliminary Injunctions", The Journal of Law, & Economics, Vol.44, no.2, pp.573-603.

Lanjouw, J. O. and M. Schankerman [2001], "Characteristics of patent litigation: a window on competition", Rand Journal of Economics, vol.32, no.1, pp.129-151.

Lanjouw, J.O. and M. Schankerman [2004], "Protecting Intellectual Property Rights: Are Small Firms Handicapped?", The Journal of Law & Ecnomics, vol. 47, no.1, pp.45-74.

Lerner, Joshua [1994],"The Importance of Patent Scope: An Empirical Analysis", RAND Journal of Economics, vol.25, no.2, pp.319-333.

Richard S. Rosenbloom and William J. Spencer [1996], Engines of Innovation, President and Fellows of Harvard College（西村吉雄訳 [1998],『中央研究所の時代の終焉』, 日経BP社）.

Shane, Scott [2004], Academic entrepreneur, Edward Elgar Publishing Ltd.（金井一頼・渡辺孝監訳 [2005],『大学発ベンチャー』, 中央経済社）.

Shane, Scott and Stuart, Toby [2002], "Organization Endowments and the Performance of University Start-ups", Management Science, vol.48, no.1, pp.154-170.

Washington CORE [2003], "Patent Strategies for Venture Firms: Experiences from the United States", Report for Institute of Intellectual Property, Tokyo, p.28
（http://www.iip.or.jp/summary/pdf/WCORE.pdf）

明石芳彦 [2002],「ベンチャー企業の特許戦略」(『組織科学』第35巻第3号), 49-56ページ.

秋山義継・太田実編著［2007］,『ベンチャー企業論』。
朝日監査法人［2003］,『図解　知的財産マネジメント』,東洋経済新報社。
荒井寿光・知的財産国家戦略フォーラム編［2002］,『知財立国』,日刊工業新聞社。
猪熊篤史［2005］,『ベンチャーマネジメント』,日本評論社。
今村哲編著［2006］,『ベンチャービジネス（ベンチャリング）』,学文社。
上坂卓郎［2006］,『ベンチャー企業論入門』,中央経済社。
梅本吉彦［2000］,「知的財産権をめぐる紛争予防と紛争処理」,(『知的財産研究所10周年記念論文集』),知的財産研究所,88-97ページ。
江口順一［1981］,「国立大学における発明規程の比較」(『日本工業所有権法学会年報』第4号),146-156ページ。
太田一樹・池田潔・文能照之ほか［2007］,『ベンチャービジネス論』,実教出版。
岡田依里［2003］,『知財戦略経営』,日本経済新聞社。
小田切宏之・加藤祐子［1998］,「バイオテクノロジー関連産業における産学共同研究」(『BUSINESS REVIEW』第45巻第3号),62-80ページ。
恩田博宣［2006］,「特許庁における判定請求の結果と裁判所における判断とが相違した事案」,(『知財管理』vol.56, No.2),241-254ページ。
価値総合研究所（経済産業省委託）［2006］,『平成17年度「大学発ベンチャーに関する基礎調査」実施報告書』。
価値総合研究所（経済産業省委託）［2007］,『平成18年度「大学発ベンチャーに関する基礎調査」実施報告書』。
価値総合研究所（経済産業省委託）［2008］,『平成19年度「大学発ベンチャーに関する基礎調査」実施報告書』。
価値総合研究所（文部科学省委託）［2007］,『「大学発ベンチャーの初期条件（環境）の向上策」報告書』。
北川善太郎［1981］,「京都大学発明取扱規程について」(『日本工業所有権法学会年報』第4号),171-182ページ。
清成忠男［1996］,『ベンチャー・中小企業　優位の時代』,東洋経済新報社。
清野裕［2004］,『技術移転ガイドブック』,羊土社。
国立大学等外部資金取扱事務研究会［2001］,『大学と産業界との研究協力事務必携〈第4次改訂版〉』,ぎょうせい。
後藤晴男［1986］,『国際出願と国内優先権』,発明協会。
小林健男［1975］,『共同研究と職務発明』,開発社。
財団法人知的財産研究所［2005］,『中小・ベンチャー企業における知的財産の活用方策に関する研究会報告書』,3-11ページ,233-371ページ。
財団法人知的財産研究所［2006a］,『新たな「知」の保護管理のあり方に関する調査研究報告書』。
財団法人知的財産研究所［2006b］,『産業財産権紛争を巡る現状に関する調査研究報告書』,67-81ページ,425-483ページ。
産業構造審議会知的財産政策部会［2006］,「特許制度の在り方について」,(『知財ぷりずむ』vol.4, No.40),155-165ページ。

産業構造審議会知的財産政策部会第5紛争処理委員会資料2 ［2002］,「判定制度のあり方について」。(http://www.jpo.go.jp/shiryou/toushin/shingikai/pdf/funsou_syori 5 /tizai_fun 5 _p_siryou2.pdf)
鮫島正洋編著 ［2003］,『特許戦略ハンドブック』,中央経済社。
鮫島正洋編著 ［2006］,『新・特許戦略ハンドブック』,中央経済社。
七田基弘 ［1976］,「大学教員等の発明と特許」(『ジュリスト』第626号), 80-87ページ。
関口博之 ［2000］,「ヒトゲノム解析から医薬品開発段階へ 先行する米国を追撃する日本勢」(『エコノミスト』2000年2月8日号), 25-28ページ。
関水和久・岩崎甫・大橋京一・津谷喜一郎編 ［2002］,『産学連携の新しい流れ』,エルゼビア・サイエンス。
関水和久・関水信和 ［2002］,「新しい産学共同研究モデルによるゲノム創薬事業の試み」(『臨床薬理』Vol.33, No.1), 17-21ページ。
関水信和 ［2001］,「国際訴訟における援用可能統一規則」(中央大学大学院法学研究科研究年報第30号), 293-299ページ。
関水信和 ［2003］,「学生の発明と特許権に関する一考察」(『パテント』Vol.56, No.10), 27-34ページ。
関水信和 ［2007］,「ベンチャー・中小企業の知的財産戦略－欧米文献の分析を中心に－」(『CUC Policy Studies Review』第14号), 89-116ページ。
仙元隆一郎 ［2003］,『特許法講義 第四版』,悠々社。
創英知的財産研究所編著 ［2007］,『国内優先権制度の活用ガイド』,経済産業調査会。
園田敏雄 ［1996］,「判定制度の意義とその効用」,(『知財管理』vol.46, No.12), 1881-1894ページ。
染野義信 ［1981］,「学術研究に対する職務発明基準とその基本的性格」(『日本工業所有権法学会年報』第4号), 125-145ページ。
高林龍 ［2002］,「職務発明についての権利の帰属と相当な対価額の決定に関する法律上の問題点」(『知財管理』vol.52, No 7), 941-956ページ。
竹田和彦 ［1999］,『特許の知識 第6版』,ダイヤモンド社。
竹田和彦 ［2006］,『特許の知識 第8版』,ダイヤモンド社。
竹田稔 ［2007］,『知的財産侵害要論（特許・意匠・商標編） 第5版』,社団法人発明協会。
玉井克哉 ［2003］,「大学における職務発明制度」(『知財管理』vol.52, No.3), 443-455ページ。
田村善之 ［2006］,『知的財産法 第4版』,有斐閣。
特許第2委員会 ［2002］,「特許庁判定制度の実態とそのあり方」,(『知財管理』vol.52, No.5), 597-611ページ。
特許庁編 ［2006］,『別冊ＮＢＬ No.111, 先使用権制度の円滑な活用に向けて』,商事法務。
特許庁審判部監修 ［1998］,『特許庁の判定制度利用ガイド』,財団法人通商産業調査会出版部。(http://www.jpo.go.jp/tetuzuki/sinpan/sinpan 2 /pdf/hantei 2 /hantei.pdf)
特許庁総務部技術調査課 ［2006］,「先使用権制度ガイドライン（事例集）について～戦略的なノウハウ管理のために～」(『経済産業ジャーナル』第426号), 34-37ページ。
土肥一史 ［2002］,「特許法における先使用権制度」(『日本工業所有権法学会年報』第26号), 159-192ページ。
永田晃也編著 ［2004］,『知的財産マネジメント』,中央経済社。

永田晃也・隅蔵康一責任編集［2006］,『ＭＯＴ　知的財産と技術経営』,丸善。
中山信弘編著［2000］,『注解特許法　第3版　上巻』,青林書院。
西村吉雄［2003］,『産学連携―「中央研究所の時代」を超えて―』,日経BP社。
西村吉雄・塚本芳昭責任編集［2005］,『ＭＯＴ　産学連携と技術経営』,丸善。
日本感性工学会・IP研究会［2002］,『職務発明と知的財産国家戦略』,経済産業調査会。
野中郁次郎・紺野登［2003］,『知識創造の方法論』,東洋経済新報社。
野中郁次郎・竹内弘高・梅本勝博［1996］,『知識創造企業』,東洋経済新報社。
服部敏夫［1968］,『特許法要説』,技報堂。
淵澤進［1994］「ベンチャー企業が訴える技術大国の内幕」(『別冊宝島』第207号)宝島社, 10-27ページ。
前田昇［2002］,『スピンオフ革命』,東洋経済新報社。
前田昇・安部忠彦責任編集［2005］,『ＭＯＴ　ベンチャーと技術経営』,丸善。
松田修一［2005］,『ベンチャー企業』,日本経済新聞社。
松田修一監修・早稲田大学アントレプレヌール研究会編［2001］,『ベンチャー企業の経営と支援』日本経済新聞社。
水永政志［2006］,『入門ベンチャーファイナンス』,ダイヤモンド社。
光石士郎［1976］,『特許法詳説　新版』,ぎょうせい。
宮田由紀夫［2000］,「アメリカにおける産学共同の実証分析」(『大阪商業大学論集』116号), 185-208ページ。
紋谷暢男［1981］,「大学教員の発明の法的処置について」(『成蹊法学』第17号), 145-179ページ。
安井至［1999］,「産学共同研究の現状とその可能性」(『工業材料』第47巻第9号), 17-22ページ。
柳孝一［2004］,『ベンチャー経営論』,日本経済新聞社。
山上浩［2007］,「『先使用権』の主張には入念な書類管理が不可欠」(『日経エレクトロニクス』), 160-167ページ。
山口直樹［2005］,「中小・ベンチャー企業における特許のエンフォースメント」(『産業経済研究所紀要』第15号), 115-134ページ。
有限責任中間法人大学技術移転協議会［2008］,『大学技術移転サーベイ』。
吉川弘之［1998］,「21世紀の科学と産学連携」(『文部時報』第1467号), 8-9ページ。
吉藤幸朔・熊谷健一補訂［1998］,『特許法概説　第13版』,有斐閣。
米倉誠一郎［1999］,『経営革命の構造』,岩波書店。
早稲田大学ビジネススクール松田修一研究室［2004］,『ＭＯＴアドバンスト　技術ベンチャー』,日本能率協会マネジメントセンター。
渡部俊也・隅蔵康一［2002］,『TLOとライセンス・アソシエイト』,ビーケイシー。

むすびに代えて

　本書で読者の皆様に私から次のようなアドバイスをさせていただきました。むすびに代えて最後に箇条書きにしておきます。
① 若い人に限らず中高年の人も大学院で勉強している。
② 社会人を対象とした大学院の倍率は決して高くないことから，複数に併願すれば入学できる可能性は十分ある。
③ 仕事の内容と研究内容を一致させることで合格率は上がるし，会社でも評価されやすくなる。
④ 社会人大学院に入学すると学歴を書き換えることができる。
⑤ 宅建などの資格取得者は修士などの学位を取得しやすい環境をすでに構築している。宅建などを複数回受験するより社会人大学院への進学がお勧めである。
⑥ 大学院の入学時の研究計画書の作成は，自分のキャリアの棚卸しで，自分を見直す良い機会となる。
⑦ 大学院に入学すると会社とはまったく違ったタイプの人脈を作ることができる。
⑧ 大学院で勉強すると知識に広がりと厚みができて，発想も豊かになる。
⑨ 大学院で勉強すると，中小企業診断士，税理士あるいは研究者の道が開ける場合もある。
⑩ 仕事の内容と一致した研究を続けると社会人大学院の博士課程で博士号を取得することもできる。
⑪ 大学を卒業していない人の場合の対策もある。
⑫ 通信制大学は，費用が安く，勉強時間の制約がなく，人生のいろいろなステージでいろいろな目的で利用できる。

あ と が き

　本書は中央経済社の取締役常務 杉原茂樹氏と私が社会人大学院についてお話をする機会があり，その中で構想が生まれたものです。杉原茂樹氏には執筆の機会をくださったこと，また同社編集部次長の飯田宣彦氏をはじめとした皆様には貴重なアドバイスを賜り，さらに校正などにご尽力をいただいたことを心より感謝申し上げます。

　最後に，普通の銀行員であった私に5つの大学院，3つの通信制大学，3つの資格試験の勉強をさせてくれた妻京子に感謝していることを書かせていただきます。

　　2017年3月

　　　　　　　　　　　　　　　　　　　　　　　　　　関水　信和

<著者紹介>

関水　信和（せきみず　のぶかず）

1952年生まれ。
慶應義塾大学商学部卒，多摩大学大学院経営情報学研究科修士課程修了，中央大学法学部卒，同大学院法学研究科博士前期課程修了・後期課程修了単位取得，東京大学大学院工学系研究科修士課程技術経営MOTコース修了単位取得，千葉商科大学大学院政策研究科博士課程修了，博士（政策研究）。
三井住友銀行ビジネス営業部部付部長，持田商工法務部長など歴任。
聖学院大学非常勤講師，税理士（東京税理士会所属），株式会社ゲノム創薬研究所 アントレプレナー。

働きながら学べる
社会人大学院・通信制大学

2017年7月25日　第1版第1刷発行

著　者	関　水　信　和
発行者	山　本　　　継
発行所	㈱中央経済社
発売元	㈱中央経済グループ パブリッシング

〒101-0051　東京都千代田区神田神保町1-31-2
電話　03（3293）3371（編集代表）
　　　03（3293）3381（営業代表）
http://www.chuokeizai.co.jp/
製版／三英グラフィック・アーツ㈱
印刷／三英印刷㈱
製本／㈲井上製本所

© 2017
Printed in Japan

＊頁の「欠落」や「順序違い」などがありましたらお取り替えいたしますので発売元までご送付ください。（送料小社負担）

ISBN978-4-502-23251-0　C3034

JCOPY〈出版者著作権管理機構委託出版物〉本書を無断で複写複製（コピー）することは，著作権法上の例外を除き，禁じられています。本書をコピーされる場合は事前に出版者著作権管理機構（JCOPY）の許諾を受けてください。
JCOPY〈http://www.jcopy.or.jp　eメール：info@jcopy.or.jp　電話：03-3513-6969〉